eビジネス新書

No.345

週刊東洋経済

資産運用マニュアル

お金の殖やし方&守り方

JN037895

週刊東洋経済 eビジネス新書　No.345

資産運用マニュアル

本書は、東洋経済新報社刊『週刊東洋経済』2020年3月7日号より抜粋、加筆修正のうえ制作しています。情報は底本編集当時のものです。（標準読了時間　90分）

資産運用マニュアル　目次

資産別で分かれる

最適なお金との付き合い方

収入はあるのに、なかなかお金が貯まらない――。働き盛りのビジネスパーソンには、預金通帳を見てそう嘆いた経験がある人も多いのではないだろうか。

ファイナンシャルプランナー（ＦＰ）の前田菜緒氏の元には、子育て世代などからお金の相談が寄せられる。「年齢にかかわらず、多いのは老後の資産形成の相談。３０〜４０代なら、教育費など目先にかかる費用の相談も多い」という。

金融庁の報告書で話題になった「老後２０００万円不足問題」は記憶に新しい。内閣府の調査によると、３０代以降は過半の人が老後の生活設計を意識しており、自身が考える老後の必要額と現状の資産との〝ギャップ〟が、年を重ねても埋まりにくい現状がある。そのため、老後の不安は２０〜５０代で「お金」がトップとの調査結果もある。

不足額はなかなか埋まらず
—世代別の老後への備え—

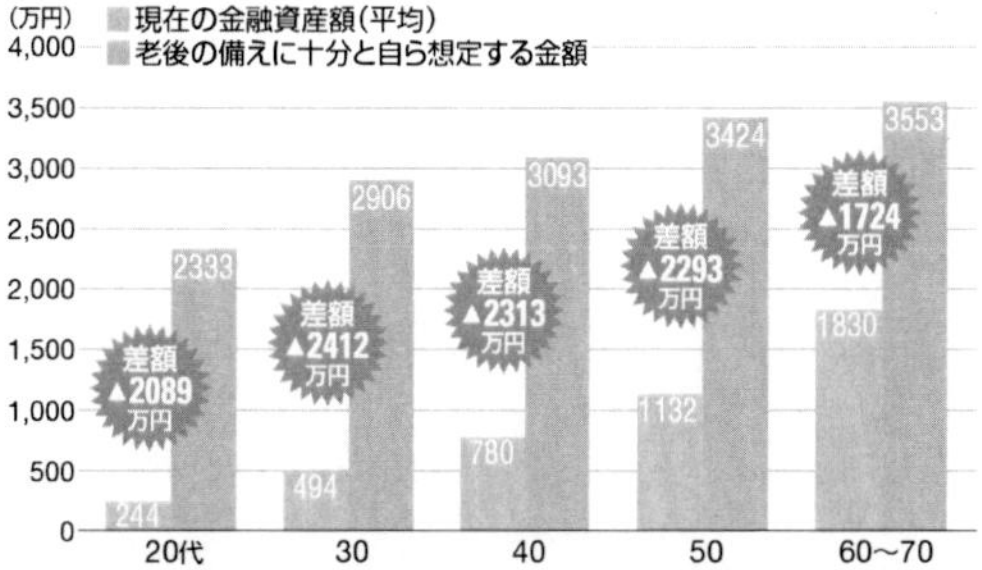

(注)▲はマイナス　(出所)メットライフ生命保険「『老後を変える』全国47都道府県大調査」による金融庁の作成資料(2019年6月)を基に本誌作成

20代から不安の種は「お金」
—年代別の老後不安—

	20代	30代	40代	50代	60~70代
1位	お金	お金	お金	お金	健康
2位	認知症	健康	健康	健康	認知症
3位	自らの介護	認知症	認知症	認知症	自らの介護
4位	健康	自らの介護	自らの介護	自らの介護	お金
5位	両親の介護	両親の介護	両親の介護	配偶者の介護/両親の介護	配偶者の介護

(出所)メットライフ生命保険「『老後を変える』全国47都道府県大調査」から金融庁作成(2019年6月)

定年後は支出が7割に

資金不足問題をどう解消するか。ちまたには株式投資やＦＸ（外国為替証拠金取引）、仮想通貨などの儲け話があふれる。ただあるべき資産形成の姿は、現状の資産と目標額、そこに至るまでの期間や運用姿勢によって異なるはずだ。

老後生活に不安を抱える人には、いくらあれば十分かがわからない場合もあるだろう。ＦＰの風呂内亜矢〈ふろうち　あや〉氏は、過去の支出の傾向から将来の支出額を想定することを勧める。「定年後は現役時代に比べ教育費や住宅ローンが減り、医療費や介護費が加わる。現役時代の7割程度の支出に減ることが多い」（風呂内氏）。旅行などほかの出費を見込むなら、それに足せばよい。

目標額と今後の収入見通しとの差額がわかれば、次はそれをいかに埋めるかだ。道筋として挙がるのは、株式投資などの資産運用、家計見直し、副業や就労継続だ。

資産運用については、世間で人気の投資手法が自身に合うとは限らない。ファイナンシャルアカデミーの泉正人代表が、多くの人の資産形成に効果的と語るのは「ＰＥＣＤメソッド」である。

資産形成には順序がある
—PECDメソッド—

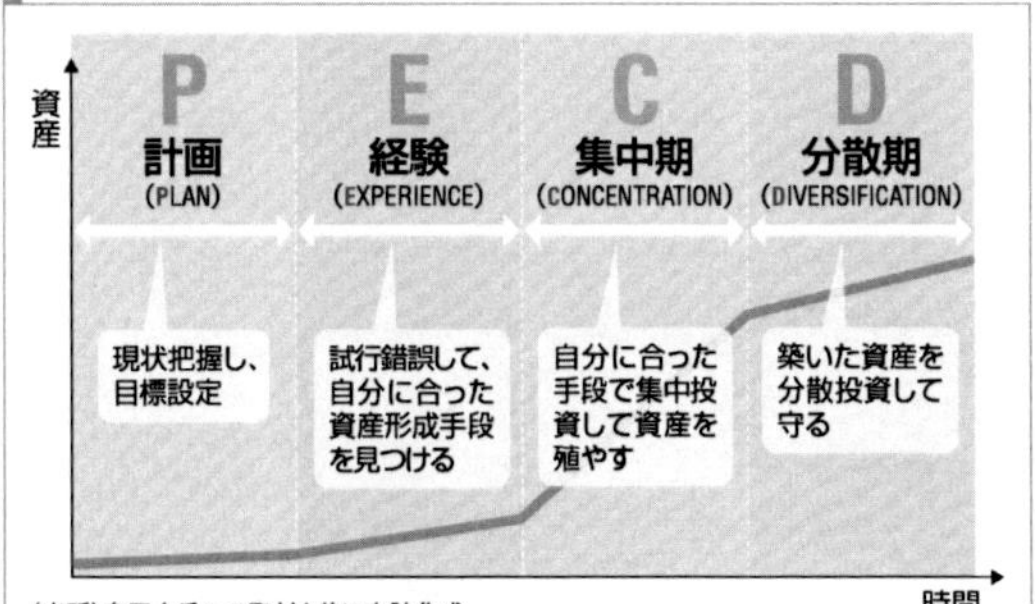

(出所)泉正人氏への取材を基に本誌作成

まず目標額を決め（P）、投資信託や株式、不動産投資など複数の運用手法を試して自身に合うものを見つけ（E）、その手法で集中投資し（C）、築いた資産を減らさないよう分散投資する（D）というやり方だ。

投資手法は、「無理なく続けられそうで、かつリターンを出せた手法を選ぶとよい」（泉氏）。その際、おのおのの投資手法の特徴を理解することも欠かせない。

資産形成で重要なのが、スタート地点の資産である。野村総合研究所が、保有資産から負債を差し引いた純金融資産について、3000万円未満（マス層）、3000万〜5000万円（アッパーマス層）、5000万円以上（準富裕層〜超富裕層）に分類したところ、世帯数は次ぎのような分布となった。ワンランク上の資産をどう目指すか。本誌では専門家のアドバイスを基に、各層にふさわしい資産形成手法を検証した。

（許斐健太）

マス層の世帯数が突出
—純金融資産額別の階層と世帯数—

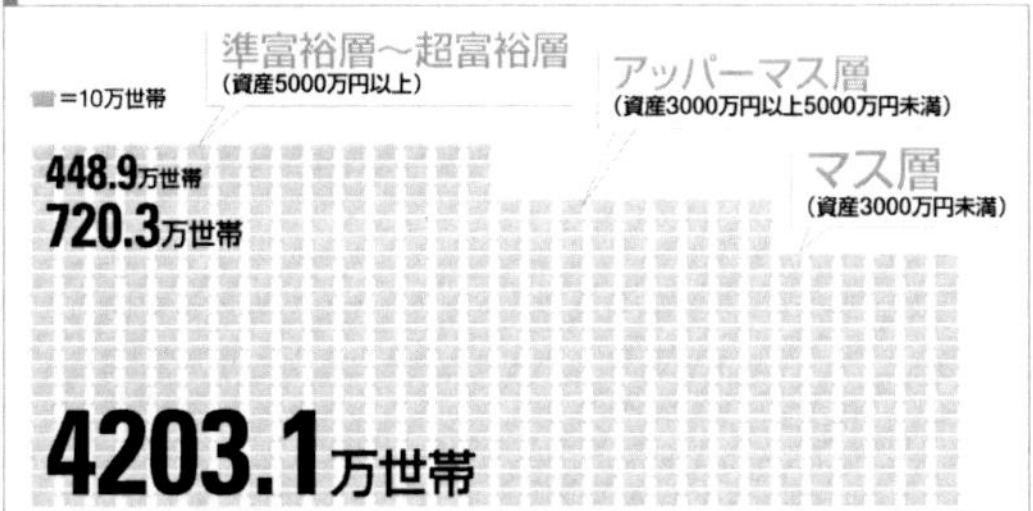

（注）448.9万世帯は、準富裕層（資産5000万円以上1億円未満）、富裕層（資産1億円以上5億円未満）、超富裕層（資産5億円以上）の合計　（出所）野村総合研究所のデータ（2018年12月）を基に本誌作成

資産運用の心得7カ条

経済評論家・加谷珪一

資産運用にはさまざまな方法があるが、長期的な資産形成を目指す場合には、コツコツと投資残高を積み上げていくやり方がベストだ。株式投資では長期投資でもリスクが減るわけではない。だが長期投資には他の方法にはないメリットがある。長期の積み立て投資を前提に重要なポイントをまとめた。

① とにかく継続する

長期積み立て投資の最大のメリットは、長期的な経済成長の恩恵をそのまま享受できることである。過去60年における日本の名目GDP（国内総生産）成長率は平均7％程度だが、日本の株式市場の平均利回りも6％を超えており、経済成長とほぼ等しくなっている。つまりコツコツと投資を続けていれば、経済成長分の利益をかなりの確率で享受できる。6％のリターンというのは、高度成長、バブル経済とその崩壊、リーマンショックなどあらゆる相場を平均したものであり、投資期間が長ければ長いほど、平均的なリターンに近づいてくる。途中で投資をやめないことが重要である。

② リスクについて理解する

多くの人はリスクという言葉を「危険」という意味に捉えているが、金融工学的な解釈は少々異なっており、将来に対する不確実性のことをリスクと呼ぶ。先ほど日本株の過去の平均利回りは6％超だと述べたが、読者の中には、6％というのは過去の話であって将来もそうとは限らないとの感想を持った人がいるかもしれない。確かにそのとおりなのだが、金融工学的に見て将来を予見することは理論的に不可能であり、そうであればこそ、そこには不確実性（つまりリスク）とリターンが存在する。企業活動には必ずリスクが伴うものであり、企業に資金を提供する投資家に一定以上のリターンを還元しなければ、企業に投資する人がいなくなってしまう。企業活動というものが存続する限り、投資収益は将来も発生すると考えるほうが自然である。

③ 自身の価値観をしっかり持つ

毎年100万円を積み立て、これに6％の利回りを当てはめてみると、30年後にはなんと8300万円を超える。富裕層入りが見えてくる数字だが、実際はどうだろうか。次の図は1985年から毎年100万円ずつ投資した場合の資産額推移だが、30年経過した2015年時点で8300万円とまさに理論値とぴったり一致している。

■ 毎年100万円投資した場合の資産額

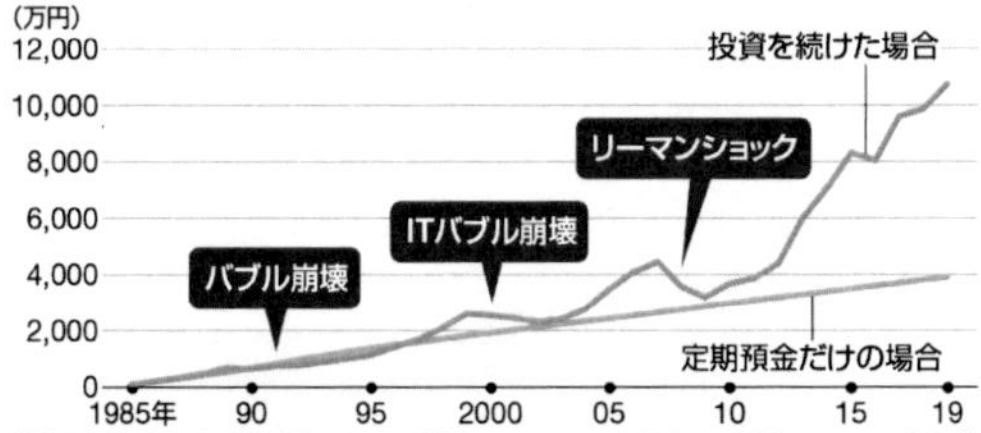

(注)日本株5割、米国株3割、ゴールド2割のポートフォリオを想定。日本株はTOPIX、米国株はS&P500指数。配当はすべて再投資したと仮定し、税金は考慮していない
(出所)定期預金の平均金利は日本銀行調べ。各種資料を基に筆者作成

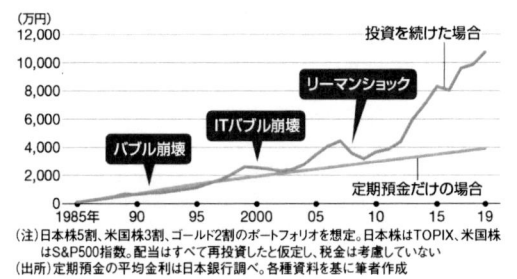

これはバブル崩壊やリーマンショックといった大暴落を含んだ結果であり、少なくとも過去については理論どおりに推移したことを示している。

過去データから得られる日本株のリスク（統計学上の1σ＝約68％の確率で株価が上下する範囲）は＋－25％とされているが、この数字を利用して将来の資産額をシミュレーションすると（モンテカルロ法）、30年後に8400万円を超える確率は30％、元本である3000万円から8400万円の範囲になる確率は40％、元本を下回る確率は30％と計算された。約3分の1の人が億近くの資産を作り、約3分の1の人は元本割れするという結果だが、これについて「悪くない」と捉えるのか、「危険である」と捉えるのかは自身の価値観次第だ。

結局、投資というのはその人の価値観や人生観が問われるものだということを理解しておく必要があるだろう。

④ 優良銘柄への投資を徹底する

具体的な投資対象だが、長期投資を試みる以上、10年で消滅してしまうような企業には投資できないので、必然的に著名な大企業が対象となる。こうした銘柄は高配当であることが多く、配当を再投資に回せば累積のリターンはさらに大きくなる。配当は使ってしまわず、再投資に回すのが原則である。近年、配当ではなく株主優待で還元する企業が増えているが、これは小売店に例えれば、お店で売っている商品を店主が消費してしまうことと同義であり、本当の意味での株主還元にはなっていない。株主優待を過度に重視する企業には注意したほうがよい。

⑤ 外国株の組み入れは必須

長期投資の場合、著名な大企業に投資することが重要だが、グローバル化が進んだ現代社会においては、大企業の定義は変わってくる。日本国内では大企業であると思われていても、世界市場では中小企業にすぎないということもあるので、企業評価の際にはこの点を十分に考慮する必要がある。

日本経済は今後、人口減少などによって相対的に低成長の続く可能性が高く、全世界的な経済成長の恩恵を受けられる企業に投資しないと、相対的なリターンが下がってしまう。ポートフォリオへの外国株組み入れは必須である。こうした銘柄で構成されるＥＴＦ（上場投資信託）に投資してもよい。

⑥ 手数料についてよく考える

投資金額が少なかったり、銘柄の選定が面倒であったりするのであれば、投資信託などを利用するのも1つの方法である。だがこうした金融商品を利用する場合には、手数料について厳しくチェックする必要がある。毎年の手数料が1％だった場合、投資で5％のリターンを得ても現実には4％分しか手に入らない。

パーセンテージで表示されるとピンとこないかもしれないが、手数料が1％でリターンが5％ということは、5万円の利益を得ても1万円が手数料で抜かれるということだ。これが毎年続くので、累積では途方もない金額を金融機関に支払う結果となる。

これだけの手数料を支払う価値が本当にあるのか、十分に検討してから商品を購入すべきだろう。

⑦ 孤独を愛する

投資というのは本当に孤独な世界である。「自己責任」の言葉は多くの人が耳にしているはずだが、本当の意味でこの言葉を理解できている人は少ない。どの銘柄に投資するのかはもちろん、情報をどう活用するのか、誰の話を参考にするのかも含めて、行動のすべてが自己責任であり、投資というのは結果がすべてだ。すべての結果を自身で受け止める勇気がないのであれば、投資はやめたほうがよいだろう。

加谷珪一（かや・けいいち）
日経ＢＰを経て野村証券グループの投資ファンド運用会社へ。その後、コンサルティング会社を設立。個人としても億単位の資産を運用する。『お金持ちの教科書』など著書多数。

〔マス層〕２０２０年代の投資スタイル

マクロ経済の動向を押さえて株式中心に国際分散投資を

リーマンショック以降、世界経済は順調に拡大しており、ボトムからの比較ではダウ平均株価は約4倍に、日経平均株価は約3倍に上昇した。筆者はリーマンショック直前に多くの銘柄を売却し、底を打ってから投資を再開したが、そのときに投資した銘柄は総じて2〜4倍に値上がりしている。過去１０年は、１００年に1度という危機と、そこから脱却するプロセスだったので、シナリオを考えるのもそれほど難しくなかった。だが２０２０年代はその常識が通用しなくなる可能性が高く、投資の難易度は上がるだろう。

投資で成功するためには、マクロ的な経済状況をしっかり押さえておくことが重要である。何事もそうだが、各論から入ることほど危険なことはない。まずは全体の状況を把握し、そこから個別商品に落とし込んでいかないと致命的なミスをする可能性がある。

過去10年の世界経済は、基本的に好調な米国経済が世界をリードするという図式が続いてきた。リーマンショックは確かにたいへんな出来事だったが、これはサブプライムローンが引き起こした金融危機であって経済危機ではない。つまり金融市場にとっては大打撃だが、米国の実体経済はリーマンショックの前も後も順調そのものである。この点について勘違いした人は多く、リーマンショック後の株価高騰を予見できず投資チャンスを逸してしまった。

だが歴史的に見て、好景気と絶好調の相場が何十年も続くことはなく、多くの人が、米国経済は踊り場にさしかかっていると感じ始めている。FRB（米連邦準備制度理事会）は、量的緩和策を終了し、金利の引き上げを画策したが、トランプ米大統領がこの方針に強く反発し、金利の引き上げは思うように進んでいない。

これによって米国経済は、米中貿易戦争が勃発しているにもかかわらず、さらに拡大が続いており、株価も史上最高値を更新した。だが米国経済の成長が鈍化した場合、金利を下げるという手段が使えないことから、次の不景気はかなり長引くとの見方もある。現時点では米国経済はかなり無理をした状況であり、今後については相応の警戒が必要というのが市場関係者の一致した見方である。

こうした相場環境はプロのファンドマネジャーにとっても難しい。株価の上値を追う形で投資すると下落したときの損失が大きく、過度に上昇相場にのめり込むことはできない。本来であれば、株価上昇に合わせて金利も上がっているはずであり（つまり債券価格は下落）、順次、債券への投資に切り替えていくという手段がある。

しかし、トランプ政権の強い要請で債券価格が過度に上昇しており（金利は低下）、債券投資もリスクが高い。もしここで株価が大幅に調整される事態となれば、債券も同時に下落する結果になる可能性が高く、一部の投資ファンドは先行きが不透明であることから現金比率を上げているといわれる。

筆者もここ1～2年ポートフォリオの見直しを行っており、利益が出ている株式や債券の一部は売却して現金比率を上げた。ここからさらに株価や債券価格が上昇してしまった場合には、機会損失として諦める覚悟である。

日本株頼みは危険

今の市場環境を考えると、投資を始める人は、投資金額は控えめにして、しばらくは様子見のスタンスで臨んだほうがよい。株も債券も価格が高いので、債券に投資すれば安全というわけではない。

基本的には株式への投資が中心となるのはいつの時代も同じだが、投資するなら、可能な限り対象は分散させたほうがよい。日本は基本的に人口減少で市場が縮小するので、日本株だけに頼るのは危険である。日米欧の優良企業に投資するか、こうした銘柄を組み入れたＥＴＦなどでリスク分散を図ることが重要だ。

仮に米国株が大幅な調整に入った場合には、金などのオルタナティブ商品以外はすべて下がると思われる。実物資産やそれを原資にしたＥＴＦは、配当などのリターンを生まず、保管手数料などで毎年、価値が目減りするので、普段はあまり推奨できないのだが、今の市場環境であれば、一定割合を実物資産に割り当ててもよい。

日本について言えば、そろそろインフレを気にかけておく必要がある。デフレが続いていると喧伝されているが、物価が安く推移しているのは国内要因だけで価格が決まる一部の商品やサービスのみである。自動車や不動産などグローバルに価格が決まる商品は、世界経済の拡大を受けて価格上昇一辺倒であり、じわじわと全体の物価を押し上げている。

少なくとも富裕層の多くはすでにインフレ対応モードに入っているし、仮にインフレを前提にしたポートフォリオを組んだとして、その後、デフレが続いても大きな損失を抱えるわけではない。想定外のインフレが発生したときのリスクの大きさを考えると、物価上昇についてはある程度、織り込んでおいたほうが合理的だ。住宅ローンの返済で投資余力がなくなってしまっては意味がないが、利便性の高い場所に限定し、かつ無理のない金額であれば、住宅ローンを組んでマンションを買うというのも1つのインフレ対策である。

インフレになると現金や債券は持っているだけ損失を抱えてしまう。銀行預金よりはマシという感覚で個人向け国債を保有している人もいるが、物価上昇時には要注意である。物価連動債を組み入れた商品を購入するという方法もあるが、インフレが進む場合には物価上昇を織り込んで価格が形成されるので、思ったほどの効果を得られない可能性もある。

経済のグローバル化の進展で各国市場の連動性が高まっており、各国の低金利政策によって株式と債券の連動性も上がっている。結局、安定的に成長を続ける国際優良企業への投資が王道であり、景気動向によって現金と株式の比率を調整し、ヘッジ手段として一部を実物資産に回すというのが現時点でのベストプラクティスだ。インフレを意識するのであれば、国内の不動産投資信託（ＲＥＩＴ）への投資を検討してもよい。

商品別の注意点

◎日本株

・内需銘柄は基本的に不利、グローバルな成長に連動する銘柄を選択

・インフレ対策として不動産銘柄やＲＥＩＴ（不動産投資信託）は検討の余地あり

◎外国株

・米国株は外せないが、下落リスクがあるので控えめのほうがよい
・欧州やアジアも含めた優良銘柄を中心とするＥＴＦは要検討

◎債券
・インフレが進む場合、個人向け国債など債券は不利に
・価格が上昇しているので、満期まで持たないと損失の出るリスクがある

◎金など
・株価と債券が下落したときには有力なヘッジ手段となる
・配当などを生まないので、あくまでリスクヘッジ目的に限定すべきである

まとめ
①全体の状況を把握し個別商品に落とし込む
②人口減少で市場縮小の日本だけに依存しない
③富裕層の多くはすでにインフレ対応モード

（経済評論家・加谷珪一）

最初はつみたてNISAとiDeCoをフルに活用しよう!

将来、積極的な資産運用を考えているにしても、まず今押さえておきたいのが、「iDeCo〈イデコ〉(個人型確定拠出年金)」と「つみたてNISA(少額投資非課税制度)」の両制度だ。「ともに、定額積み立てで資産増を狙うもの。国民の権利でもあるので使うのはマスト」と話すのは、アセット・アドバンテージ代表で確定拠出型年金アドバイザーの山中伸枝氏。両制度では、さまざまな税制優遇を受けられるからだ。

iDeCoは20歳以上60歳未満の人が加入できる私的年金制度。会社員や公務員、自営業者、専業主婦(夫)と、ほぼすべての人が始められる。加入年金や立場により掛け金の上限は異なり、その範囲内で定期預金・投資信託・保険を定額で積み立てる。運用益が非課税になるばかりか、掛け金は全額所得控除になる。受取時は一時金(一括)なら退職金扱い、年金だと公的年金扱いになるが、これらも控除の対象だ。

加入者の属性によって変わる ―iDeCoの拠出限度額の違い―

		月額	年額
自営業者（第1号被保険者）		6万8000円	81万6000円
会社員・公務員など（第2号被保険者）	勤務先に企業年金がない会社員	2万3000円	27万6000円
	企業型DCに加入している会社員	2万円	24万円
	DBと企業型DCに加入している会社員	1万2000円	14万4000円
	DBのみ加入の会社員	1万2000円	14万4000円
	公務員等	1万2000円	14万4000円
	専業主婦（夫）（第3号被保険者）	2万3000円	27万6000円

（注）DCは確定拠出年金、DBは確定給付企業年金、厚生年金基金

一方、つみたてＮＩＳＡは年上限４０万円・最長２０年間の積み立て投資の運用益が非課税になる制度。手数料が安く、長期・積み立て・分散に適すると金融庁が認めた１７３本の投資信託が対象だ（２０２０年2月現在）。

両制度は証券会社や銀行などに専用の口座を開けば始められる。ただし、金融機関ごとに取り扱う商品は異なるので、事前にラインナップをリサーチしたい。

まずは得する制度の活用から —つみたてNISAとiDeCoの概要—

	つみたてNISA	iDeCo
投資対象商品	長期・積み立て・分散に向くと金融庁が認めた一部の投資信託	iDeCo用に認められた定期預金・投資信託・保険
投資方法	積み立て投資	積み立て投資
最低投資額	100円～（金融機関により異なる）	5000円～
年間投資額上限	40万円	14万4000～81万6000円（職業や加入年金制度により異なる）
非課税対象	運用益	運用益・掛け金（所得税・住民税）受取時も控除あり
投資可能期間	2037年まで	加入から60歳まで（10年間の延長可能）
投資可能年齢	20歳以上	20歳以上60歳未満
損益通算	不可能	不可能
口座からの払い出し	可能（非課税枠の再利用は不可能）	60歳まで原則不可能
今後の制度見直し	投資可能期間を2042年まで延長	投資可能年齢を65歳未満まで拡大

インデックス運用が基本

積み立て投資のメリットは、決まった金額を銀行口座などから毎月引き落とし、資産運用を自動化してくれること。元本が保証されない金融商品だとリスクはあるが、投資癖・貯蓄癖がつく。かつ、課税口座で提供されるサービスだと投資利益に対して原則20・315％の課税がなされるが、それがない。「掛け金が全額所得控除の対象になるｉＤｅＣｏは、毎年の節税になる。優先して使い、上限以上に余裕があるなら、つみたてＮＩＳＡに回すのが理想的」（山中氏）。

気をつけたいのは、つみたてＮＩＳＡはいつでも運用商品を売却して資金を引き出すことができるが、ｉＤｅＣｏは60歳になるまで基本的にはできない点である。

「子育てや住まいに現金が必要な時期はつみたてＮＩＳＡを重視し、余裕資金が増えたらｉＤｅＣｏにシフトするなど、ライフプランに応じて比重を変えればいい」と、山中氏は説く。あるいは、今は晩婚が当たり前で、親が60歳になった時点で子どもは学生ということもあるため、ｉＤｅＣｏを学資保険の代わりに使う手もある。税制優遇の分、学資保険よりお得になるケースが見られるという。

「教育資金だけではなく、定年後に起業するための資金をつくっておくなど、６０歳以降に必要な資金をつくる・殖やすための箱だと考えればいい」（山中氏）

つみたてＮＩＳＡ、ｉＤｅＣｏともに積極的な資産増を狙うなら、どういった金融商品を選ぶべきか。「米国をはじめとする先進国の株価指数などに連動した投資成績を目指す、インデックスファンドを検討したい」とアドバイスするのは、ぴとうファイナンシャルサービス代表の尾藤峰男氏だ。同じ先進国でも債券が対象のインデックスファンドだと、株式に比べてリターンは低くなる。「若くて定収入があり、積み立て投資にかける時間が長いなら株式の比重を大きくしてリスクを取る、４０～５０代になりリスクを抑えた運用にシフトするなら債券の割合を増やすなど、年代に応じたポートフォリオを組むことだ」（尾藤氏）。

ｉＤｅＣｏとつみたてＮＩＳＡを併用するなら、片方はリスク重視、もう片方は安定運用と、使い分けるという手も。もちろん、同じタイプの金融商品を使っても構わない。「積み立て投資で大事なのは、手間をかけずに継続すること、年代に応じた投資配分で運用すること。中身がシンプルだと一貫性があり、運用成果をチェックしやすい利点もある」（尾藤氏）。

配偶者とタッグを組もう

家庭を持っているのなら、何も孤軍奮闘することはない。配偶者と一緒に始めることだ。

「共働きでも、片方が専業主婦（夫）でも、加入して損はない。扶養内の主婦（夫）でも、iDeCoを使えば節税しながら資産運用ができる」（山中氏）

例えば、子育て中にパートタイムで働く主婦（夫）の場合、年収が103万円もしくは130万円を超えると配偶者の扶養から外れ社会保険料の負担が生じてしまう。手取りが減ることもあり、これを意識する人は少なくないが、iDeCoに加入して年最大27万6000円を拠出すると、その分が所得控除の対象になり、扶養のままでいられる。

「人手不足の昨今、職場に対してやる気をアピールできる。その結果、子育てが落ち着いた後も働き続けたいなら、正社員への道が開きやすくなる可能性がある」（山中氏）

つみたてＮＩＳＡに関しても、１人よりも２人で始めたほうが、家庭全体の積立総額は増えることに。運用リスクを抑えたいなら、片方は積極運用、もう片方は安定運用と、それぞれが投資対象を分担すればいい。とはいえ、家庭円満であることが前提だ。

運用益の非課税をはじめとする税制優遇が魅力的な、これらの制度。２０２０年度の税制改正大綱で、つみたてＮＩＳＡの投資可能期間は３７年から４２年まで５年間延長、投資可能年齢は２３年以降に２０歳から１８歳に引き下げられる予定だ。ｉＤｅＣｏの加入可能年齢も６５歳未満まで拡大される。

「年齢を重ねても現役で働き続けたい人は増えている。加入可能年齢が６５歳未満まで拡大すると、より長くｉＤｅＣｏを活用した資産運用が可能になる。すでに５０代で、今さら加入しても遅いと考えていた人にとっては朗報といえる」（山中氏）

ただし、そのためには６０歳以降も雇用継続により厚生年金に加入しているなど、一定の条件を満たす必要がある。自営業者など第1号被保険者は60歳までしか国民年金に加入できないので、このメリットを享受できない。期間延長の議論が進む中、対策が講じられるだろう。

まとめ

①所得控除のあるｉＤｅＣｏは最大限に活用

②途中換金するならつみたてＮＩＳＡに割り振り

③配偶者がいるなら一緒に取り組むこと

（ライター・大正谷成晴）

〔マス層〕ｉＤｅｃｏ、ＮＩＳＡの次はこれだ

ステップアップを目指すならこの金融商品に注目せよ！

「１０年寝かせておけば2倍」。昭和末期の高金利時代、郵便局の定額貯金の利率が６％を超えるなど、利息を積み上げる手堅い運用手段が身近にあった。そして令和の時代、分配金収入だけで倍増を狙える商品がまだ残っている。インフラファンドである。

インフラファンドは発電施設や港湾施設など社会インフラに分散投資し、利益を分配する商品。東証が「ＲＥＩＴ市場の制度を基調としている」と説明するように、仕組みはＲＥＩＴとほぼ同じだ。株式ではなく議決権のない投資証券が売買され、総資産５０億円以上で、継続的な分配見込みがあることなど上場要件の多くがＲＥＩＴと重なる。

上場第1号は２０１６年6月のタカラレーベン・インフラ投資法人。東証1部上場のマンション分譲業者タカラレーベンが運営する太陽光発電施設に投資する。２０年2月２０日に丸紅系のジャパン・インフラファンド投資法人が7銘柄目として新規上場したばかりで、まだ若い市場だ。

7銘柄いずれも「オペレーター」と呼ばれるインフラ施設の運営業者がいて、投資対象となる施設の切り盛りを任されている。ＲＥＩＴでは運営を補助するスポンサーは情報開示の対象外だが、インフラファンドではオペレーターの状況も開示対象とされる。

予想分配金利回りは6％前後。２０年物国債の利回りが０・２％、東証1部の予想配当利回りが全銘柄の単純平均で2％、上場ＲＥＩＴ全６４銘柄の平均が３・５％なので、インフラファンドの利回りは突出して高い。

■インフラファンドに注目

証券コード	銘柄名	上場日	単価(円)	利回り(%)
9281	タカラレーベン・インフラ	2016年6月2日	122,400	5.72
9282	いちごグリーンインフラ	2016年12月1日	64,900	5.52
9283	日本再生可能エネルギーインフラ	2017年3月29日	105,700	6.05
9284	カナディアン・ソーラー・インフラ	2017年10月30日	121,200	6.10
9285	東京インフラ・エネルギー	2018年9月27日	104,200	6.51
9286	エネクス・インフラ	2019年2月13日	98,200	6.10
9287	ジャパン・インフラファンド	2020年2月20日	95,000	5.99

(注)単価は2020年2月14日終値、ジャパン・インフラファンドの単価は公開価格

5年複利で単純計算すると、株式の2％配当では元本が約1・1倍になるのに対し、ＲＥＩＴ平均の3・5％だと約1・2倍になる。インフラファンドの6％では5年後に1・3倍を超え、10年後には約1・8倍に膨らむ。元本の値上がり益と分配金が無税のＮＩＳＡ口座を通じて買えば、高い利回りをストレートに享受できる。

当然、リスクはある。インフラファンドの投資証券は株式と同じように東証で日々価格が変動しているため、元本保証はない。発電施設などに投資するので自然災害に見舞われるおそれがあり、主な投資対象の太陽光発電施設なら日照不足で発電量が低下すれば売電収入の減少につながる。ファンドの収入は再生可能エネルギーの固定価格買い取り制度（ＦＩＴ）で政府が保証しているが、買い取り価格の引き下げや制度そのものの廃止の危険性もゼロではない。

金融機関も注目する

実際の値動きは安定している。いちごグリーンインフラ投資法人が26年6月期までの分配金予想を開示するなど将来の分配金見通しがわかりやすい。一方、新商品のヒットなどで投資証券価格が急騰することもない。

時価総額は最大のカナディアン・ソーラー・インフラ投資法人でさえ300億円足らずと規模が小さい。専任のアナリストもいない状態で、証券会社が営業に力を入れている状態とは程遠い。

しかし、東証はインフラファンド市場の育成を経営目標の1つに掲げており、これから上場ファンド数が増え、売買が厚みを増していきそうだ。

最近は環境、社会、企業統治の英頭文字を取った「ESG」が投資の基本方針として浸透しつつある。ESG投資枠を設定する年金積立金管理運用独立行政法人（GPIF）のほか、学校や財団法人などESG投資志向の強い法人投資家の資金流入が予想される。

東証は2020年4月27日にインフラファンド市場全体の値動きを示す指数の算出を始める。運用成績を評価する客観指標を作って機関投資家をインフラファンドへ誘導する狙いがある。複数のインフラ投資法人に分散投資するETFの上場の下準備も兼ねているようだ。金融機関は個別銘柄よりもETFのほうが買いやすく、運用難に悩む地方銀行などの買いを呼びそうだ。ちなみにインフラファンドは、証券関係者の間で冗談とも本気ともつかず、「日本取引所グループ（ＪＰＸ）のお墨付き商品」と呼ばれている。

東証を運営するＪＰＸの清田瞭グループＣＥＯ（最高経営責任者）が内規に違反してインフラファンドを買っていたことが２０１８年１０月に判明した。１６年１２月から１８年８月にかけて2銘柄に1億５０００万円相当の私財を投入していたのだ。清田氏はその後「規則を誤解していた」と釈明してインフラファンドをすべて売却。利益相当の２０００万円を日本赤十字社に寄付した。インフラファンドが証券業界トップを魅了した長期投資商品であることは間違いない。

東証首位の大商い銘柄

東証に上場するＥＴＦは１８２銘柄（２０２０年2月１９日現在）ある。このうち最も売買が活発なのは通称「日経レバ」。日経平均レバレッジ・インデックス連動型上場投信だ。先物を組み入れてＥＴＦの変動率を日経平均株価の2倍に増幅する値動きの大きい商品である。売買代金はソフトバンクグループや任天堂といった大商い銘柄を抜き、東証で首位が指定席となっている。

日経レバの兄弟商品に日経平均ダブルインバース・インデックス連動型上場投信（日経インバース）がある。日経平均のマイナス2倍、つまり日経平均が1％下がると2％値上がりする設計だ。値動き重視の個人投資家はこの2銘柄の短期売買を繰り返すのだが、その際、元本の損益変動が約3・3倍に拡大する信用取引を利用する。すると、例えば日経平均が1％高だと日経レバで6・7％、日経平均が2％安だと日経インバースで13％超の売買益になる。

先物取引さながらの大幅な価格変動だが、個人投資家が日経レバや日経インバースを好むのには理由がある。税金面で有利なのだ。先物では値上がり益は雑所得扱いで確定申告が必要となり、現物株式との損益通算も認められていない。しかし、ETFなら投信の一種なので損益通算できる。

メリットばかりのようだが、日経レバや日経インバースの信用取引で、日経平均が期待と逆に動けば損失も通常の6・7％の高率で急膨張する。中上級者向けの超ハイリスク投資と心得たい。

先物の代替なら、商品ＥＴＦも使い勝手がいい。東証には現在、金に投資するＥＴＦが４種類上場している。銘柄によって裏付けとなる資産が金の現物だったり、金先物の受益証券だったりするが、いずれも金価格に連動する。金は信用不安時の資金逃避先として人気で、２０年２月の金価格は円建てで４０年ぶりの高値圏で推移した。

このうちＳＰＤＲゴールド・シェア受益証券と純金上場信託は金の現物が投資対象。東証は個人投資家に「長期投資に向いている銘柄」と案内している。両ＥＴＦともに信託報酬は年率０・４％。金の現物や先物と違い、金ＥＴＦは現物株との損益通算が可能だ。

まとめ

① インフラファンドは目立たないが安定
② インフラファンド市場育成の機運も高まる
③ 税制面で有利なＥＴＦに注目する

（ジャーナリスト・相沢清太郎）

〔マス層〕「浪費」を削減する3ステップ

家計管理&節約でお金を貯める処方箋

資産を殖やすには、日々の家計を管理し、不要な支出を削ることも肝要である。いくら資産運用に精を出しても、支出が多ければその効果が薄れてしまう。

ファイナンシャルプランナーの風呂内亜矢氏は、「家計管理には3つの手法がある」と話す。1つ目が、結婚や出産、住宅購入といったライフイベントを見通し、長期的に家計を管理する手法。2つ目が半年や1年といった中期的に資産を把握し管理する手法。3つ目が毎日の収支を細かく管理する手法だ。

風呂内氏は、「年に数回の棚卸しで済む中期の資産管理が、最も続けやすい」と語る。「家計管理は細かく行うと長続きしにくい。最初は中期の管理だけでも実践して、将来設計する際に長期的な資産管理を試し、お金が貯まらないなどの問題が生じた場合に短期の収支管理をするとよい」（同）。

ではお金が貯まらない場合、短期での家計管理をどうするべきか。

家計再生コンサルタントでマイエフピー代表の横山光昭氏が勧めるのが、3つのステップだ。①1カ月間、細かく収支を記録し、②各支出を「消費」「浪費」「投資」という〝3つの袋〟に分け、③実際に「浪費」を減らすのだ。

「ここでいう『消費』とは生活に必要な支出。『投資』は貯金含む将来に向けた支出。それ以外の無駄な支出が『浪費』」（横山氏）

クレジットカードは使いすぎてしまう傾向があるため、最初は現金での精算を勧めるという。「実際に消費、浪費、投資の3つの〝袋〟を用意し、レシートを分けるとよい」（同）。

同じ会食でも、内容や目的によって「投資」か「浪費」かに分かれる。自分にとって意味がある会食なら「投資」に分類すればいい。目的を意識することで、無駄な出費の削減につながるという。

もちろん3ステップで重要なのは、③の浪費の削減。そこで①の収支の記録は効率化のため、家計簿アプリを利用するのも一法だ。レシートを保管したり、紙の家計簿をつけたりするより記録作業が簡便で、記録の時間を節約できる。

家計簿アプリは多様だ。レシートの読み取り機能などは各社とも共通する。そのうえで銀行や証券会社などの連携先が豊富なのが、「マネーフォワードME」。保有株式や投資信託をまとめて確認でき、中長期の資産管理をしたい人向きだ。「Zaim」は幅広い人が使いやすいよう画面の見やすさにこだわっており、自治体の給付金などを調べられるのも特徴だ。

LINEのトーク画面から支出を入力できるのが、「LINE家計簿」。利用機会の多いLINEアプリで入力するため、収支管理が続けやすくなるという特徴を打ち出す。また起動から2秒で入力できるという記録の速度にこだわったのが、「おカネレコ」だ。

■ **家計管理の自動化に効果的** —主な家計簿アプリの特徴—

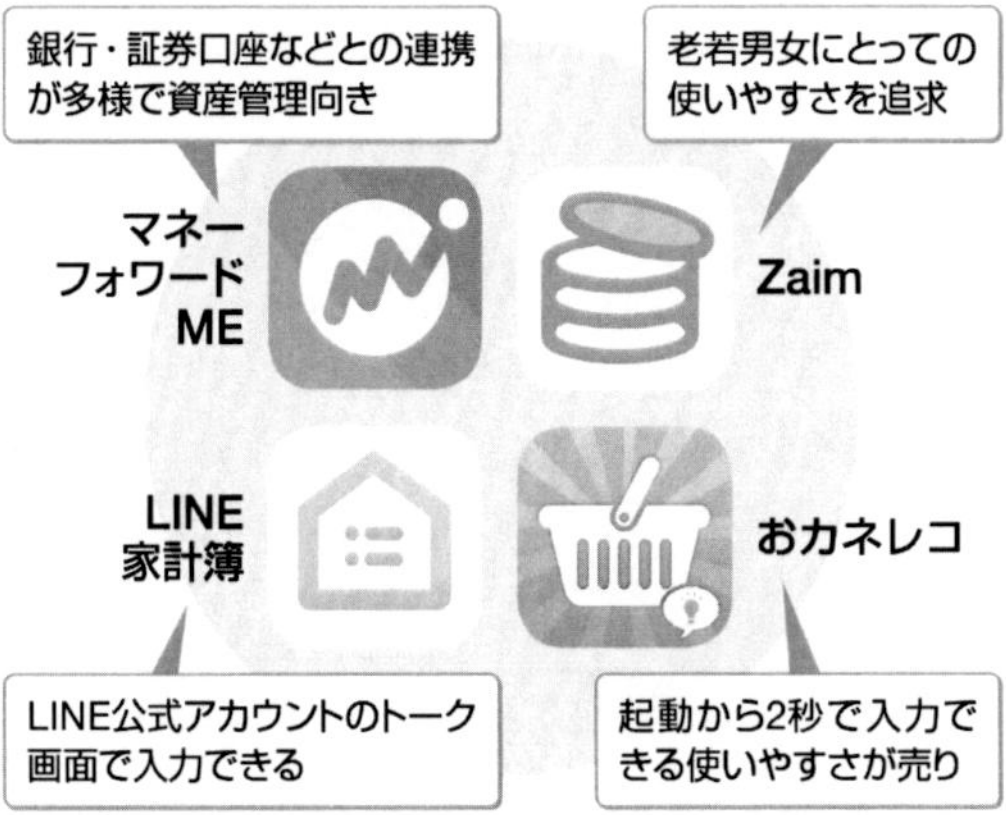

（出所）4社への取材を基に本誌作成

自動で節約する仕組み

このように細かく収支を管理したうえで、どんな出費が「浪費」として削減しやすいのか。

風呂内氏は、「無駄と判断する支出の中で、金額が大きく、支出する機会が少ないものを省くとよい」と話す。一度支出を見直すと、自動で節約できるからだ。そうした条件に当てはまるのが、住宅費、保険、通信費などの固定費である。

住宅ローンは金利と手数料を加味し、借り換えのメリットがあるかが見直しの判断材料となる。賃貸であれば近隣の相場と比較し、割高であれば、家主と交渉して家賃を下げる余地が出てくる。

保険はどうか。一般的には結婚の際などに見直せばいいと言われるが、風呂内氏は「むしろ子どもの誕生後など、自身の働き方が変わったときと、貯蓄が増えたときが保険の変えどき」と話す。

「生命保険であれば、子どもが生まれると死亡保障の希望額が変わる。一方で貯金

が増えればカバーできる範囲も広がり、生保を見直しやすくなる」（風呂内氏）

医療保険であれば、健康保険に加入していれば高額療養費の自己負担額の上限がある。負担額によって見直しの判断は変わる。

今、住宅費、保険に続く目立つ出費が、スマートフォンやタブレットの通信費だ。会社からスマホが支給されていれば、私用スマホは格安ＳＩＭに切り替えることも選択肢となろう。高額の端末にこだわりがあれば、「投資」か「浪費」か、自身で判断すればいい。

スマホアプリなどのサブスクリプション契約も「浪費」の候補となる。入会特典やアップグレードを機に有料会員になり、利用しなくなっても口座から会員費が引き落とされていた、という経験がある人も多いのではないか。

ほかに飲食代や被服・日用品費、交際費など、毎日の出費には、思わぬ浪費が隠れているものだ。

家計管理には長期的な視点も欠かせない。教育費など、人生には費用がかさむ時期がある。短期的な「浪費」の削減に加え、子どもが小さい頃や大学卒業後など貯められる時期にまとめて貯めるのが資産を殖やす近道となる。

削れる支出はたくさんある ― よくある浪費の事例

【固定費】
通信費：不要なオプションを削減、格安ＳＩＭ利用も選択肢に
保険：働き方が変わったり、貯金が増えたりすれば見直しの契機に
住宅費：低金利のローンへの切り替え、家賃交渉で賃下げする道も
サブスクリプション：月額課金のアプリなどを必要なものに絞る

【流動費】
飲食代：不要な喫茶店代などを節約
被服・日用品費：定額サービスやフリマアプリを活用
交際費：付き合いのルールを決めて、上限を設定

まとめ

①まずは年に数回棚卸し中期の資産管理から

②家計簿アプリを利用し収支の記録を簡便に

③支出する機会が少ない無駄から省く

（許斐健太）

〔アッパーマス層〕国内外株式で高リターン

「ミドルリスク」商品で準富裕層までランクアップ

アッパーマス層がさらに上の準富裕層・富裕層を目指すには、預貯金を積み上げるだけでは追いつかない。それなりのリターンが期待できる「ミドルリスク」の金融商品に資金を投じる必要がある。どんな商品がよいのか、また投資の際のポイントはどこにあるのか。

海外株を加え積極運用

「資産を殖やすなら株式、守るなら債券というのは投資の原則」と述べるのは、リーファス代表でIFA（独立系フィナンシャルアドバイザー）の西崎努氏だ。手間をかけたくないなら投資信託、銘柄分析などに時間を割けるなら並行して個別株で運用を行うのもいいだろう。

「若い世代なら先進国株式を中心とした運用が望ましい。米国市場の場合、リーマンショック後、5年で相場は回復した。スパンが長くなるほど、リスクを取る」という。日本より経済規模が大きい中国の株を持つ手もある。ただ、国の政策や規制に振り回されることがあるので、基本的には有名企業のみに投資することが重要だ。トルコなど新興国の株も買えるが、西崎氏は「ハイリスク」だと考えている。経済成長で個別株の価格は上がっても、為替変動で思うほどのリターンは見込めない可能性があるからだ。「新興国は株価と同時に為替にも目を向けないといけない。そこが難しいところ。その点、中国は平時だとほかの新興国に比べて為替リスクを抑えられる」という。

日本株は、ダイナミックな上昇が期待できる中小型株が狙い目。自身が働く業界に関連するなど、事情に明るい分野から選ぶのがポイントだ。「さらにリスクを抑えるなら、抽選に当たるかどうかはあるが、ＩＰＯ（新規株式公開）株がある。公開価格で買い、上場初日の初値で売ると利益が出ることがある」。抽選に外れても損失はないので安心感はある。

投資信託は先進国株式が対象のインデックスファンドを優先的に考えたい。先進国や新興国の株式や債券に分散投資するバランスファンドは、低リスクだが投資妙味が薄い。「株式への投資で資産が殖えたら、一部をＲＥＩＴや債券に回すなど、資産配分を変えると運用自体が安定する」（西崎氏）。

代表的なミドルリスク商品

ジャンル	ポイント
国内個別株	中小型株は、値動きが安定しやすい大型株よりも大きなリターンが期待できる。本業に関連するなど、詳しい業界・企業を選ぶこと
海外個別株	米国株が中心。好業績かつ大企業の銘柄で構わない。さらにリスクを取るなら中国株なども対象になる
IPO	新規公開株。上場日に初値で売却するのが一般的。抽選制が多いので当たるかどうか
REIT	不動産投資信託。キャピタルゲインが狙えるほか、配当収入も魅力
不動産投資	実物資産への投資。立地選びが成否のカギ。融資を受ける場合は返済リスクが伴う。流動性も低い
投資信託	先進国や新興国の株価指数などに連動する、インデックス型がベター。アクティブファンドはコストに注意
債券	米国など海外債券が基本。カントリーリスクに注意して選ぶこと
クラウドファンディング	国内だけではなく海外が対象の案件も。短期〜中期で運用できる

投信はコストで選ぶ

びとうファイナンシャルサービス代表の尾藤峰男氏は、「長い時間軸で運用するのが、資産増への最大の近道」と評する。「持続しやすいという点では、低コストの投資信託やＥＴＦが向いている。国内外の株価指数に連動するインデックスファンドなら信託報酬が１％を切るものもあり、負担は重くない。かつ、投資利益から分配金が出るのではなく、再投資して複利運用するタイプが望ましい。長期間持ち続けるほど、高リターンが期待できる」。

ただし、年代により許容できるリスクは異なる。尾藤氏は「２０～３０歳代は株式で運用し、４０歳代以降はＲＥＩＴ、さらに上の年代は国内外の債券を加えたい」とアドバイスする。

■ 年代別の標準的ポートフォリオ

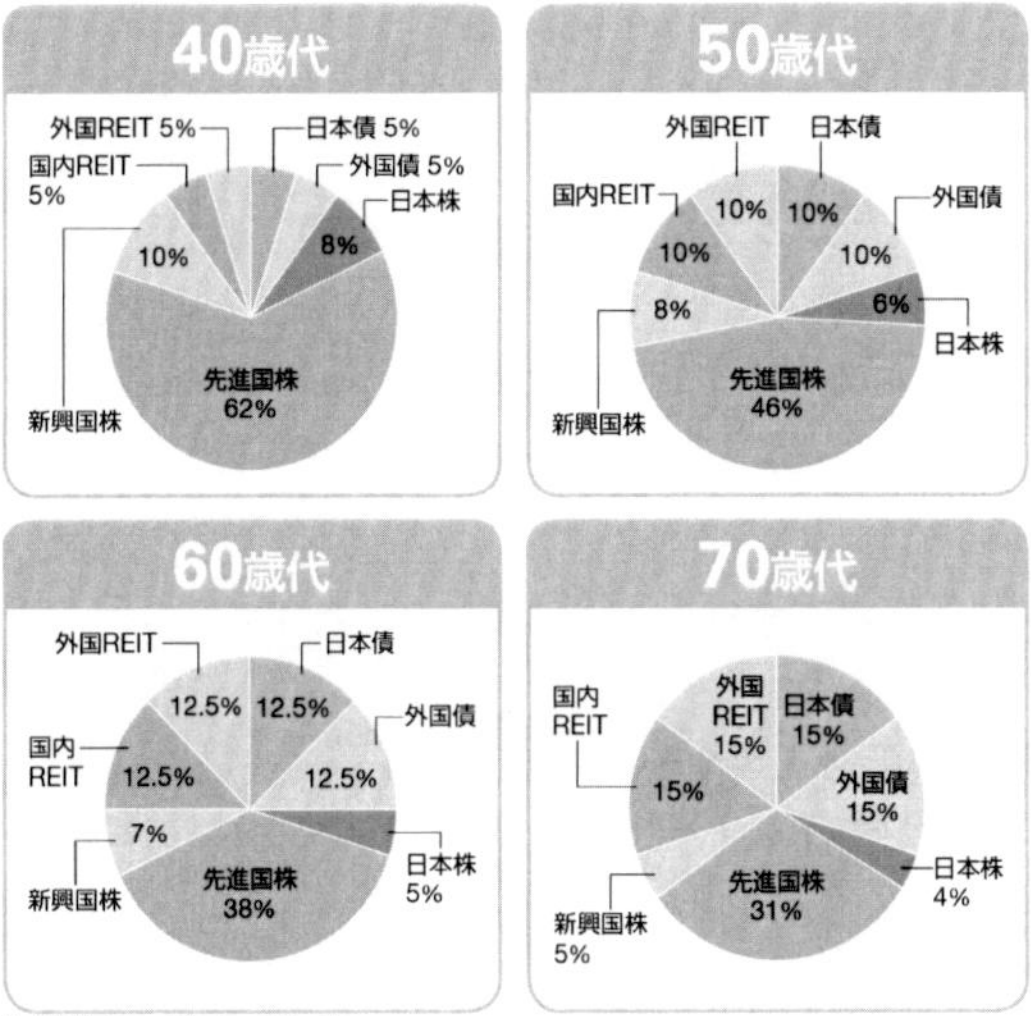

(出所)びとうファイナンシャルサービス

個別株では米国株をプッシュする。「コストコホールセールやアルファベット（グーグル）、アップル、ナイキなど、持続的な成長が期待できる企業で株主還元に手厚い銘柄に要注目。ビザは2008年に上場してから株価は12倍になり、営業利益率は65％を誇る。こういう銘柄が対象になる」という。

アセット・アドバンテージ代表の山中伸枝氏は先進国の個別株やインデックスファンドをミドルリスク投資の有力候補として挙げる。「個別株なら、パフォーマンスのよいアクティブファンドの上位銘柄を参考にするのがいい」と話す。

山中氏は、インターネットを通じて投資家から集めた資金を国内外の企業などに融資するクラウドファンディングも、短中期のミドルリスク投資に向くと述べる。「4～5％と高利回りの案件があり、少額から始められる」。

このように、ミドルリスクでミドル～ハイリターンを狙える金融商品はたくさんある。個々の許容度に応じて検討してみてはどうだろうか。

まとめ

①若い世代は先進国株を中心とした運用を

②40代以降はREITや国内外の債券を加える

③アクティブファンドの上位銘柄を参考に

（ライター・大正谷成晴）

〔アッパーマス層〕株式投資で私設取引システムを利用

資産運用の基盤をつくったら試したい投資手法あれこれ

東証で株式を取引できるのは午前9時から午後3時までで、1時間の昼休みを挟む。このため、自由に取引できない会社員や自営業者は多い。しかし、深夜まで売買可能な夜間取引を活用すれば、売り買いのタイミングを逃すリスクは格段に減りそうだ。

東証が平日午後3時に大引けを迎えると、業績予想の修正、自己株買い、経営統合などが発表される。発表を株取引終了後まで自粛するルールはない。それどころか、東証は株価に影響する重要事項を「速やかに」開示するよう上場企業に求めている。しかし、一向に徹底されず、午前中の取締役会での決議事項を午後3時まで発表しない企業が大半だ。企業の発表タイムが続くなか、午後4時に中国・上海市場が終了し、その後は欧州、米国と順に市場が開いていく。欧米で株価や為替が急変動し、翌朝の日本株の水準ががらりと変わっていることは多くの投資家が経験している。

夜間はPTSの独壇場

そこで試してみたいのが夜間取引。東証とは別の民間企業が設立した私設取引システム（PTS）を通じた売買だ。

日本では現在、欧州系の「チャイエックスPTS」とSBI系の「ジャパンネクストPTS」がある。楽天証券でチャイエックスとジャパンネクストの2つを利用できるほか、SBI証券と松井証券ではジャパンネクストに注文を出せる。

PTSは東証と同じく、証券会社が投資家から受けた売り買いの注文をシステム上で成立させていく。配当金や株主優待、議決権を得られる点も東証と同じだ。また、NISA口座も使える。

かつては株式の売買注文を証券取引所に集める「市場集中義務」があった。しかし、金融自由化で撤廃。東証が特殊法人から株式会社へ衣替えした後、民間企業も取引所を運営できるようになった。

取引時間はチャイエックスPTSが、8：00～16：00、ジャパンネクストPTSが、8：20～16：00および17：00～23：59だ。夜間だけでなく、東証のオープン前や昼休み中も取引できる。例えば楽天証券では、スマート・オーダー・ルーティング（SOR）と呼ばれるサービスを利用して株式の買い注文を出すと東証とチャイエックス、ジャパンネクストの3つのうち最も安い売り注文に自動で買いをぶつけて取引が成立する。

午後3時以降はPTSの独壇場になる。好決算が期待できる銘柄を大引け間際に東証で買い、夜間取引では業績が予想以上に好調なら買い増し、予想どおり好業績なら売りも買いも見送り、予想外の不調なら売るという選択が可能になる。中東での政変や欧州株の急落……。悪材料が降って湧いても、翌朝の東証寄り付きを待たずに売りを出せる。

便利な夜間取引だが、証券業界はどこか冷淡だ。かつて日本取引所グループの斉藤惇CEO（最高経営責任者、当時）はPTSに対して「フリーライド（タダ乗り）だ」

と批判したことがある。株式公開時の面倒な審査や情報開示ルールの制定、インサイダー取引の監視など周辺業務を東証に押し付け、ＰＴＳは売買注文を東証から奪うだけになりかねないとの主旨だ。

ネット証券は夜間取引に前向きだ。ＳＢＩ証券は早くからＰＴＳを通じた夜間取引の場を提供してきた。夜間取引の手数料をキャッシュバックし実質無料なのも、個人投資家には魅力だ。一方、対面営業の証券会社は深夜労働によるコスト増大を警戒し、夜間取引とは距離を置く雰囲気がある。

もちろん夜間取引は万能ではない。売買できるのは大型株が多く、東証よりも取引が薄いため、一度に大量の売りが出ると思わぬ安値がつき、夜間取引の株価が単なる「異常値」で終わるケースもある。

ただ、こうした異常値を見つけて安値拾いできるのも夜間取引ならではだ。決算発表集中日には、業績の上振れ・下振れを夜間取引の株価が織り込むまでに時間がかかることも珍しくない。アナリストのカバー体制が手薄な銘柄ほどこうした傾向が強く、業績を反映して株価が本格的に動き出す前に注文できる妙味は大きい。

株価形成の主導権は東証の日中取引にあり、夜間のＰＴＳは未経験の投資家が圧倒的に多い。しかし、相場格言では「人の行く裏に道あり、花の山」という。

多数の人が通る道の裏を照らす意味では、日経平均など株価指数の構成銘柄入れ替えイベントを利用した投資法も面白い。

主要２２５銘柄で構成される日経平均は毎年１０月の定期のほか、経営統合や２部への降格などによる空席発生でも入れ替えが実施される。日経平均に採用されれば、日本銀行が買い入れ対象とするＥＴＦ運用業者の買いが入り、除外が決まれば売りが出てくる。どちらも株価水準や業績とは無関係に大量に注文があるので株価へのインパクトは絶大だ。

このため証券会社は入れ替え発表日が近づくと、採用と除外の予想リポートを発行し、顧客に配付する。ただ、困ったことに各社の精鋭アナリストがデータと格闘して出した予想もなかなか当たらない。例えば２０１９年７月、プラント大手の千代田化工建設の債務超過を原因とする２部転落に伴う空席発生で、証券各社がこぞって挙げたのが工作機械のＤＭＧ森精機。しかし、当選したのはバンダイナムコホールディングスだった。

日経平均の採用候補を先回り買いする投資手法はあちこちで紹介されている。候補銘柄はインターネット検索で簡単に見つかるので投資は簡単そうだが、実際には大手証券のアナリスト予想がことごとく外れている。

であれば発想を変え、買いの矛先を「外れ銘柄」に向けよう。1つは有力候補だった銘柄、もう1つは除外銘柄である。

DMG森精機の場合、発表直前の19年7月10日に1773円だった株価は落選判明で12日に1566円まで急落。しかし2週間足らずで8%高の1690円まで急伸している。これから採用・除外される銘柄に関心が向かいがちだが、発表後のいわば「祭りの後」に絶好の買い場が到来したのだ。

日経平均のほか、JPX日経インデックス400などの指数でもこの種のイベントがある。その都度、多くの外れ銘柄が短期的な急落を経て値を戻している。

まとめ

①　ＰＴＳなら翌朝を待たずに取引できる

②　とくに決算発表の時期は投資妙味が大きい

③　株価指数の銘柄入れ替えイベントに注目

（ジャーナリスト・相沢清太郎）

運用の前に収入も見直そう　副業・独立で資産を殖やす道

節約で支出を減らすことなく、かつ投資のリスクもなるべく減らして資産を殖やしたい。そう考える人の選択肢として挙げられるのが、副業や独立だろう。副業は、国が働き方改革の一環として推進し始めた2018年以降、出世や転職をしなくても収入アップを望める方法として、会社員の関心を集めている。

パーソル総合研究所の調べによると、副業の平均時間は週10時間未満、平均月収は5万円未満が半数以上。だが月に30万円以上稼ぐツワモノもいる。

■ 副業の平均は週約10時間、月収約7万円

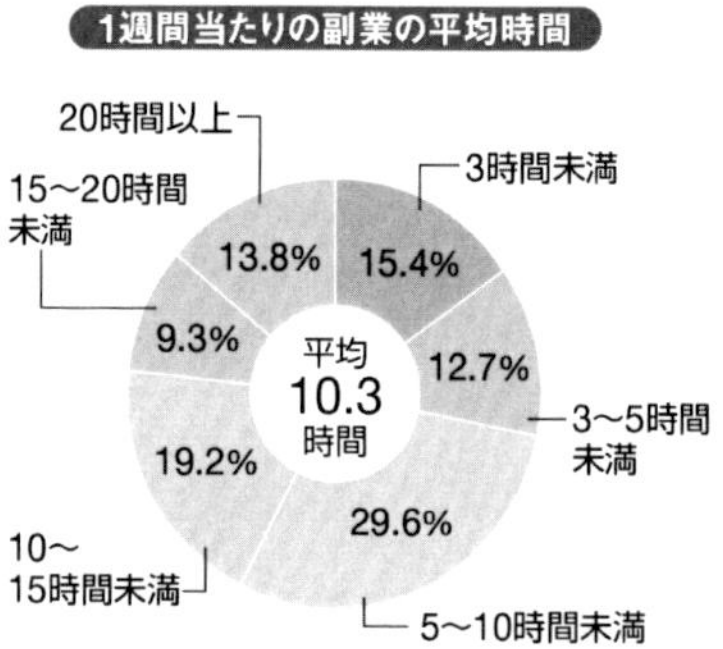

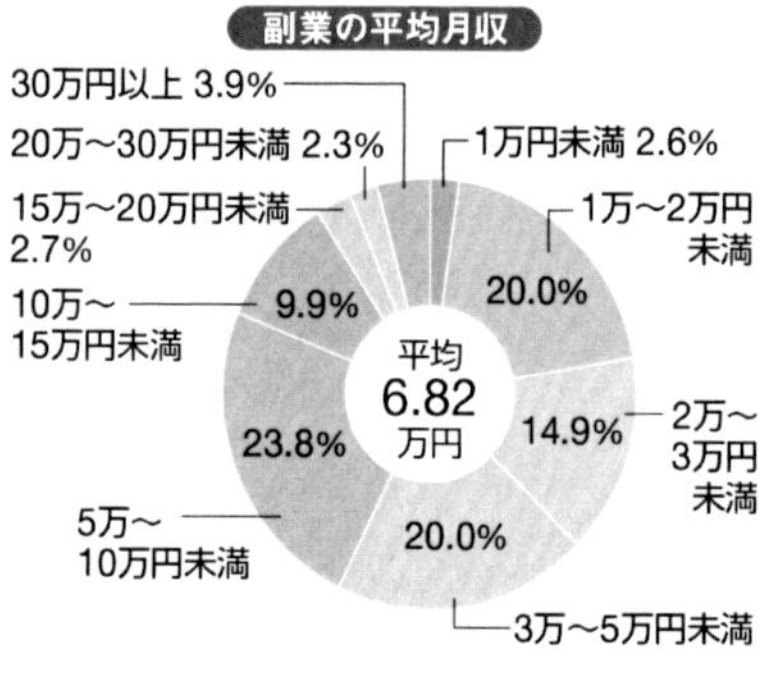

(注)従業員10人以上の企業の人事担当者(1641社)と正社員(1万3958人)を対象に実施したインターネットのアンケート調査
(出所)パーソル総合研究所「副業の実態・意識調査」(2018年10月)

東京都の小売企業でデジタルマーケティング業務を行う秦弘明さん（35・仮名）は、本業以外に2社の仕事を掛け持ちし、毎月30万円弱を副業で稼ぐ。結婚を機に6年前から毎月1万～2万円分の投資信託を購入。月々6万円ほどを個人年金保険で積み立てている。だがそれだけでは不十分だという。

専業主婦の妻と現在4歳の娘との3人家族で、「娘にいい教育環境を与えたいし、家の購入も考えている。車も欲しい。今後のことを考えたら年収を200万～300万円ほどアップしたい」（秦さん）と考えるようになった。

今以上に稼げる商社や、現在の業務を生かせる大手広告代理店への転職も考えた。ただ、「今は給料がいい大企業も10年後どうなっているかはわからない。デジタルマーケティング業務も好きだから続けたい」（秦さん）と思い、副業をやろうと決意。上司から了承を得て、19年6月から開始した。

本業では、フェイスブックなどSNSを使って店舗やEC（ネット通販）の集客や販促を行う。一方の副業では、長野県の宿泊施設と、東京都の生活雑貨メーカーで本業と同様の業務を請け負う。

副業に充てる時間は2社合わせて週平均8～10時間程度。通勤時間や昼休みなどにフェイスブック上でPR記事をアップするなど、隙間時間を活用。ウェブ上に表示される広告の企画や設計、入稿、集計の分析のような、「慎重にやらなければならない作業は、帰宅後や週末に行う」（秦さん）。副業はほぼリモートワークだが、長野県へは有給休暇を使い2カ月に1度、都内の副業先へは昼休みを使って月4回訪問し、対面でのミーティングを行う。

副業人材ベンチャー・JOINS（ジョインズ）の猪尾愛隆代表は、最近の副業の傾向について、「本業で身に付けた専門知識や経験を基に、従来は社員が担っていた企業の課題解決や新規事業企画などを実行できる人が、副業で月額10万円以上の報酬を得ている」と話す。

「新卒入社の会社で身に付く程度のスキルしか手にしていなければ危険」。そう話すのは、10回の転職を経験し、副業を経て独立した渡辺浩二さん（55・仮名）。渡辺さんは大学卒業後、保険会社で営業を担当。その後、英語を独学で身に付け、米国会計士の資格を取得した。これまで監査法人、証券会社、金融ベンチャーなどで正社員として働いてきた。

住宅ローンを抱え、娘の学費などを考えると、収入減のリスクを冒せず、「会社員を辞めることは考えられなかった」（渡辺さん）。ただ、娘が就職し一人暮らしを開始。勤めていた会社で早期退職制度が施行され、辞めても割増退職金で住宅ローンを返せるメドがついた。仮に病気になり、回復まで一時期、就業不能になっても生活できるくらいの貯蓄はできた。

2018年5月から開始した副業先も、会計事務所やベンチャー企業など3社になっていた。仕事のメドがつき、渡辺さんは独立。収入は3社合わせて会社員時代の3分の1に減った。だが、妻にもパートで月7万〜8万円の収入があり、夫婦2人が暮らすのには困らない。会社員時代より顧客の顔が見えやすいという充実感があるという。「今後も働き続けたい。独立するのは気力も体力もある今だと感じた」と言う。

今、副業志望者は増えており、マッチングのハードルは上がっている。エンジニアを中心に副業仲介サービスを展開するシューマツワーカーの松村幸弥代表は、「エンジニアのほか、パワーポイントで資料を作る営業員、プレスリリースの文章を書く広報といった、アウトプットがわかりやすい職種は副業ニーズが強い」と説明する。

会社員として培ってきたスキルの棚卸しを行い、本業以外で何ができるかを見極めることが、副業で稼ぐカギといえそうだ。

一方で会社員の働き方にリスクを感じ、退職を決断。独立や起業に踏み切る人もいる。

中野三四郎さん（43）は会社員を経て、2011年に営業戦略のコンサルティングや顧客管理システムの運用支援を手がけるトライエッジを創業。今は9人の社員を抱える。収入が安定するまでは、茨の道が続いたと振り返る。

独立し長期的に資産形成

もともと、大学卒業後に就職したのは派遣会社のスタッフサービスだった。営業企画の仕事をしながら、「この会社に一生世話になろうと思っていた」と振り返る。

ところが2007年、スタッフサービスがリクルートの傘下に入り、別会社に転籍に。積み上げてきたものが会社の都合で崩れ去る無力感を味わった。

32歳のとき、ビジネスを体系的に学び直そうと、青山学院大学でMBA（経営学修士）を取得。その頃から平日4時間、土日10時間、英語の勉強を続けた。「今乗っている船が沈んでも、次の船に乗れるようにしておきたい」と考えたという。

その後、11年にトライエッジを創業。初めに手がけたのは学童保育事業だった。しかし保育の仕事を経験したことがなく、運営は手探り。赤字が積み重なり、会社は立ち行かなくなった。最初の2年間は収入がなく、借金を背負った。

創業メンバーと話し合い、事業内容をマーケティング戦略のコンサルティングに転換。会社の立て直しを仲間に任せ、自らは借金返済のため、民間企業にコンサルタントとして再就職した。

4年間働いた後、17年からトライエッジに復帰。学童事業は譲渡し、中小企業やスタートアップ企業へのマーケティング支援を軸に、会社の再建に道筋をつけた。

自身のキャリアを振り返りつつ、「会社勤めにも起業にもリスクはある。ただし、つねに次の船に乗れる準備をしておけば、目の前の経営が悪化しても、道は切り開ける」と中野さんは話す。

一方、収入面と子育てなどの生活面で理想的なバランスを築くため、夫婦で別々の働き方を選んだのが小西薫さん（38）、七海子さん（38）だ。ともに新卒で大手電機メーカーに入社。薫さんはエンジニア、七海子さんはデザイナーとして勤務した。

薫さんは安定した収入に満足していたが、スマートフォンアプリの開発に携わりたいとの思いが募り、スタートアップ企業に転職。その後、終電でも帰宅できないほどの多忙な毎日を経験した。労働時間は多い月で450時間以上。当時、七海子さんと結婚し、2歳の子どもがいたが、子連れで海外出張に行くこともあった。

そうした状況に耐えかね、在宅勤務を志向して設立したのが、ウェブ制作とコンサルティングを行う現在の会社。従業員は自身一人である。

収入が増えるまでには時間がかかった。「少しでも稼ごうと、ブログやアフィリエイトの副業をしたこともある」（薫さん）。当時、収入面で支えたのが、電機メーカーでの勤務を続ける七海子さんだった。「自分の望む働き方ができたのは共働きだったことが大きい」。

その後、大手企業からの業務委託や自社ホームページ経由の依頼が舞い込み、収入がようやく会社員時代を上回るようになった。

夫婦で働いていれば、自分一人で家族の資産を形成するわけではない。また資産に加え、子育てなど生活とのバランスをどう取るかも重要になる。長く継続的な資産形成には、夫婦の役割分担もカギの1つといえそうだ。

（中原美絵子、辻　麻梨子）

INTERVIEW

副業や独立がリスクヘッジに

みらいワークス　社長・岡本祥治

今は働き方や稼ぎ方を自由に選びやすい時代になりつつある。副業、独立などの選択肢から、自分に合った働き方を組み合わせて、いかに資産形成につなげていくかが重要といえる。

私は専門のスキルを持つフリーランス人材を数多く企業に紹介してきた。その経験からいえるのは、会社員で独立を視野に入れている場合、まずは副業で稼いでみるといいということだ。収入が膨らんだら、徐々に軸足を独立に移せばよい。

起業を志向する際も、まずはフリーランスとして企業の仕事を請け負うことで、固定収入を確保しながら事業を始めるという方法もある。自分で起こした事業がうまくいかなくても、収入が安定するからだ。

このような副業や独立、起業での稼ぎ方を30〜40代で一度経験しておくことは、将来の資産形成のリスクヘッジになろう。その人脈や経験は、後々生きてくる。65歳で定年を迎えてから準備をするのでは遅すぎる。

独立や起業を収入増につなげる人には共通点がある。1つは最悪のリスクを想定しつつも、楽観的に行動すること。もう1つは、家族やパートナーの理解があることだ。どんなに綿密な計画を立てても、そのとおりに進むとは限らない。想定外の出来事が起こったときには、すぐに次の戦略を考える必要がある。

仮に収入が会社員時代より下がっても、大事なのは継続的に稼げるようになることだ。そのためにも、お金や働き方についての価値観を、家族とすり合わせておくことが大切だ。

岡本祥治（おかもと・ながはる）
1976年生まれ。慶応義塾大学卒業後、アクセンチュア、ベンチャー企業を経て、2012年にみらいワークスを設立。

決め手は物件選びと分散投資

不動産投資で資産を殖やす方法

埼玉県に住む澤田次郎さん（49・仮名）は4年前、IT系企業を退職した。不満があったわけではない。「上司たちの姿を見ていて、これ以上、会社にしがみついても将来はないと気づいた」（澤田さん）からだ。

退職前、澤田さんの年収は約1000万円。共働きで子どももいなかったため、世帯年収は約2000万円に上った。退職金も満額もらえた。澤田さんが、次の生活の糧に選んだのが「不動産投資」だった。

澤田さんは退職後、横浜市郊外の中古マンションを「勉強のつもり」で400万円で購入。4万5000円の家賃で賃貸した。

次いで、東京23区内の分譲マンション2戸を、銀行から2400万円の融資を受けて、3500万円で購入。入居していたオーナーが「できるだけ早く資金を欲しがっている」との情報を得て、格安で購入して賃貸した。

澤田さんは、この取引でノウハウを学んだという。

「価格は相場で変わるが、不動産は基本的に相対取引。オーナーに今すぐ引っ越したい、今すぐ資金化したいといった意向があれば、交渉次第で安く買える。大事なのはそういう物件の情報をいかに得るかだ」

この段階で法人を設立。新築の1棟買いにも乗り出した。東京23区内の2階建て30戸のアパートを、一部ローンの5300万円で購入したのだ。

ここでは空室を埋めるための手法も身に付けたという。「駅からも距離があるため、サイトに情報を掲載したり、近隣の不動産屋を回ったりして、3カ月で満室にした」。

自信をつけた澤田さんは、ついに千葉県船橋市のマンション1棟を1億4000万円で購入した。

「購入した物件を売却してキャピタルゲインを得ていたことに加え、安定した利回りを出していたこともあって、銀行は何も言わず貸してくれた。それで決断できた」

澤田さんが現在所有している不動産は8棟60戸。コストを除いた実質利回りは4％程度だ。家賃収入は年約5000万円、手残りは年約2000万円になる。結果、わずか4年間で〝脱サラ大家〟として総資産が5億円にまで殖えた。

選別眼と分散が重要

不動産投資のコツについて、澤田さんはこう語る。

「満室になり、きちんと家賃を得ることのできる物件を見る目利き力が重要。そのためには、情報を集め、こまめに物件に足を運んで選別眼を養うことが重要だ」

そのうえで、「不動産投資で最も怖いのは、自殺や火事といった事故で、できる限りヘッジしなければならない。そのためには、たくさんの物件を、違った場所に分散して持つ必要がある」と指摘する。

澤田さんには低金利の環境も追い風となった。不動産投資を始めた頃、貸出先に困っていた地方銀行などが、不動産投資ローンに前のめりになっていたのだ。「事業計画書にさっと目を通すだけで、どんどん貸してくれた」。

しかし2018年、スルガ銀行によるシェアハウスへの不正融資問題が発覚。その後、金融機関は融資に慎重になった。

それでも、澤田さんは不動産投資による資産形成のメリットについてこう語る。

「株はリターンも大きいがリスクも高く、ヘタをするとほぼ無価値となるケースもある。しかし、不動産投資であれば物件は残る。数億円規模を借り入れて物件を購入し、短期間で大きいリターンを得るのは難しくなったが、10年スパンでコツコツと投資すれば儲かる」

（田島靖久）

「イマドキ富裕層」驚きの生態

数年前、あるＩＴ系ベンチャー企業が上場を果たした。上場時の時価総額は３００億円程度。現在は株価も上がり続け、５００億円程度となっている。

藤吉徹さん（仮名）は、この企業の創業メンバーの１人。サラリーマン時代に培った会計や財務の知識を買われて、メンバー入りした人物だ。

サラリーマン時代から、年収は１５００万円程度とそこそこ高かった。ぜいたくに興味がないということもあって、しっかりと貯蓄しており、上場前の資産規模は数千万円程度だった。

その状況が上場をきっかけにがらりと変わった。資産が一気に７０億円程度まで膨らんだのだ。約５０億円は自社株として保有したままだったが、一部を売却。現在手元にある資産は20億円程度だ。

富裕層の仲間入りを果たした藤吉さんは今、どのような運用をしているのだろうか。「ぜいたくは嫌いだし、いくら資産を殖やしても使い切れなかったら意味がない。だから資産を『守る』ための運用を心がけている」（藤吉さん）

資産の多くは米国債で保有しており、不動産と新興国の債券にも投資しているという。

「20億円あるので、2%程度で回れば年間4000万円になり、十分な生活ができる」（同）

リスクを抑えて安定的な運用を心がけるほか、節税にも気を配る。「勤労所得だと所得税と住民税で合わせて最大55%持っていかれるが、金融商品であれば20〜30%程度で済む」（同）。

ただ、子どもの教育にだけは惜しみなくお金を使うそうだ。塾やテニススクール、海外のサマースクールなど、習い事に年間100万円程度はかけている。

「子どもには苦労してほしくないし、立派に成長してほしいから」と、藤吉さんは頬を緩めた。

景気拡大と株高で増加

野村総合研究所発表の富裕層に関するリポート（２０１８年）によれば、富裕層は１３年から増え続けている。１３年以降の景気拡大と株価の上昇により、５０００万円以上１億円未満の「準富裕層」と「富裕層」の多くが金融資産を殖やし、それぞれ上のステージに移行していったという。

１７年には金融資産１億円以上５億円未満の「富裕層」が１１８・３万世帯、資産総額にして２１５兆円、金融資産５億円以上の「超富裕層」が８・４万世帯、資産総額が８４兆円に上った。

■ 資産1億円以上の富裕層が増加傾向
―金融資産階層別の世帯数推移―

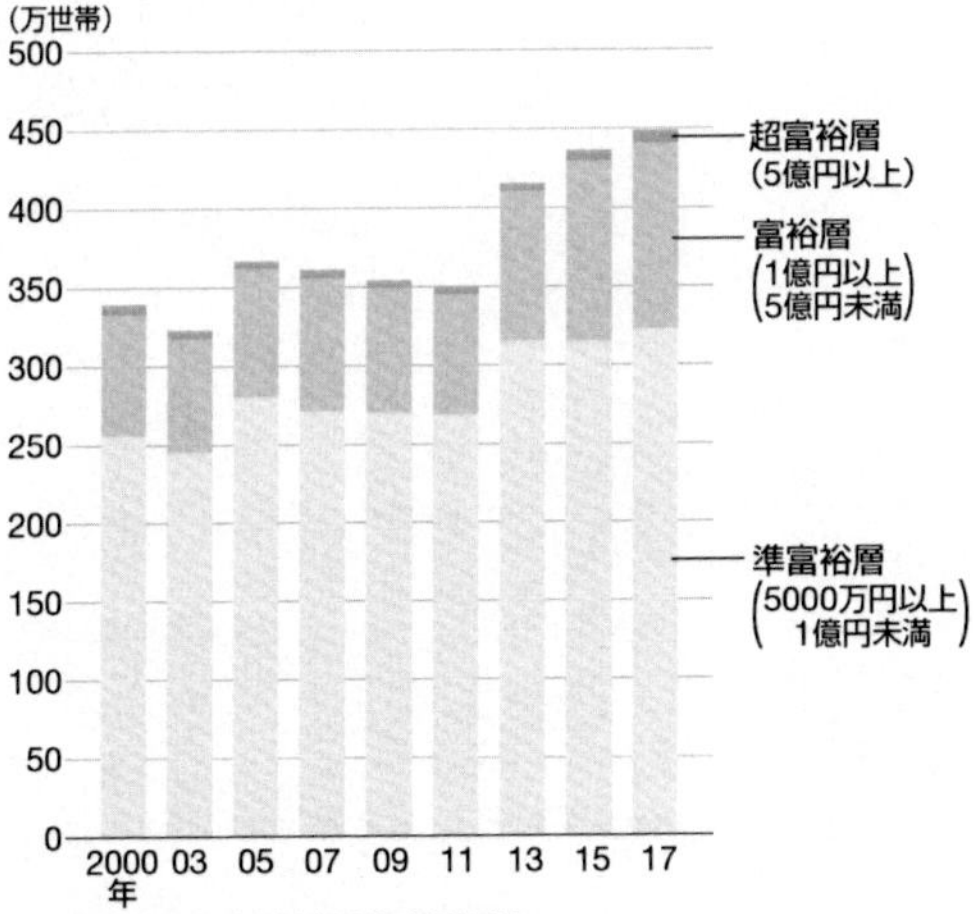

(注)各層のカッコ内は純金融資産保有額
(出所)野村総合研究所のデータを基に本誌作成

だが、一口に富裕層といってても、資産規模によってその〝生態〟は大きく違う。

このうち、「超富裕層」の中心は、大金持ちの親や祖父母から不動産を相続したり、生前贈与されたりした人たちだ。資産の大半が、先祖代々引き継いだ土地などであるため、基本「資産を守らなければならない」という意識が強い。

都心に近い場所で農家を営む堀裕也さん（仮名）もその一人。所有する土地は資産規模として15億円を下らない。近隣の住民に貸したり、駐車場にしたりして収入を得ているが、それ以外で目立った運用はしていない。生活も極めて質素だ。「先祖の土地を俺の代で失うわけにはいかない」が口癖だ。

一方、前述の藤吉さんのように起業した会社を上場したり、売却したりして資産規模を大きくさせた人たちも増えている。

彼らは昔の創業社長のように高級車を乗り回したり、数千万円もする高級時計を身に着けたりといったぜいたくはしない。同じように上場した仲間で集まって投資の相談をしたり、上場を目指す後輩の企業を応援したりしているケースが多い。意外に地味なのだ。

だが、その下の資産規模1億~5億円の「富裕層」になると少し傾向が異なる。

富裕層向け資産運用サービスを提供しているプライベートバンカーによれば、「富裕層」は上場企業の役員や中小企業の社長、外資系金融マンなどが中心で、「山っ気がある人が多い」という。

「10億円くらいまで殖やしたいと考える人が多く、株をはじめとしたリスクが高い金融商品で運用する人が目立つ」（同）

このように同じ富裕層であっても、年代や資産規模によって、運用に対する意識や行動が大きく異なるのだ。

（田島靖久）

〔富裕層〕年代と資産規模で分かれる

4エリアの富裕層が実践　典型的な資産運用のコツ

ウェルス・パートナー代表　世古口俊介

1億円以上の資産を抱える富裕層は、どのように資産を蓄えたり、殖やしたりしているのか。私は富裕層向けの資産運用・管理のアドバイザーとして、多くの事例と接し、アドバイスしてきた。その経験を踏まえ、富裕層の資産運用の特徴を紹介したい。

富裕層といっても、資産との向き合い方は一様ではない。ここでは年代を30～40代と50歳以上、資産規模を1億～10億円未満と10億円以上と4つの区分に分け、それぞれ典型的な資産運用の手法を挙げる。

■ **投資スタイルは多様** ―富裕層の4つの運用姿勢―

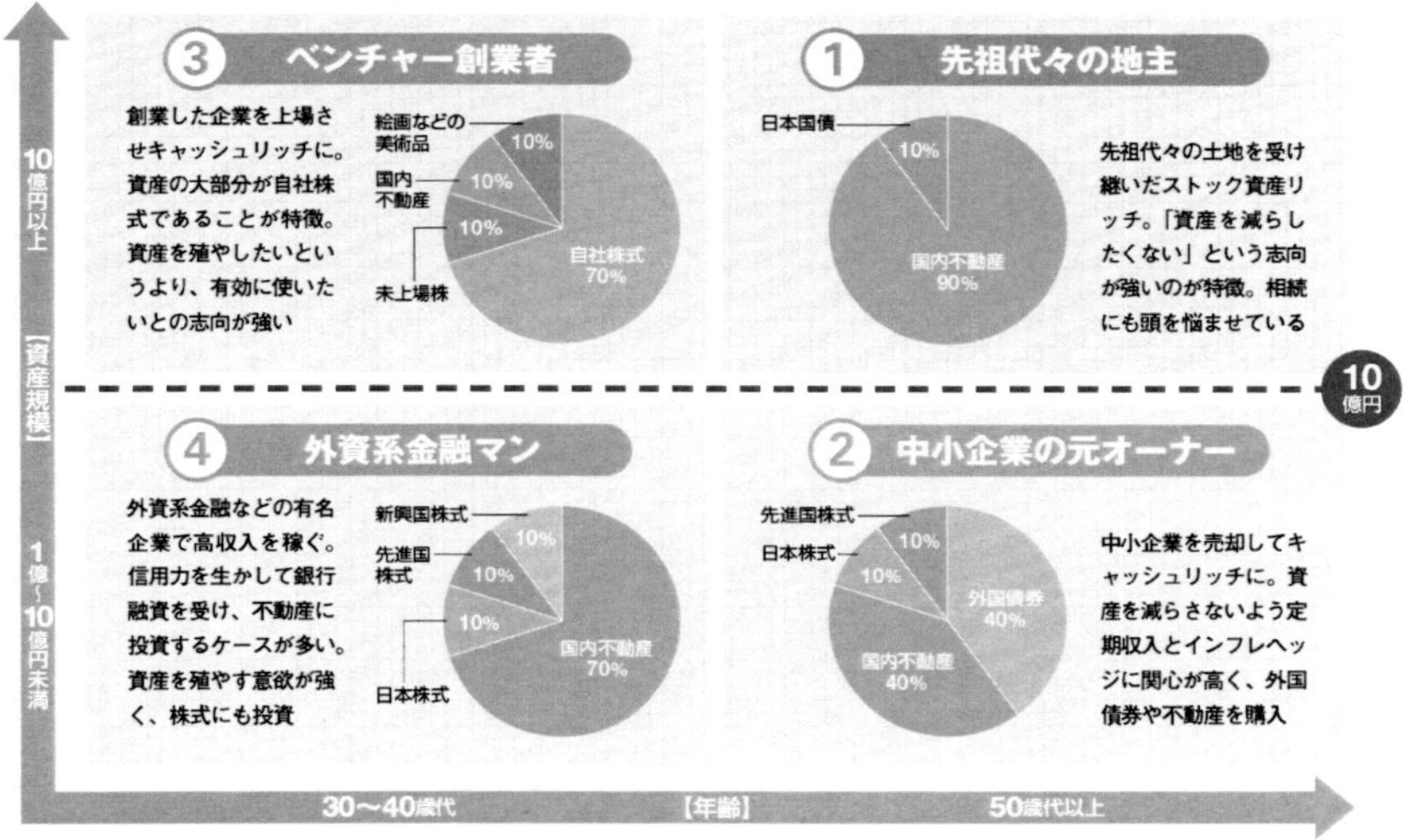

③ ベンチャー創業者
創業した企業を上場させキャッシュリッチに。資産の大部分が自社株式であることが特徴。資産を殖やしたいというより、有効に使いたいとの志向が強い
絵画などの美術品 10%
国内不動産 10%
未上場株 10%
自社株式 70%
① 先祖代々の地主
日本国債 10%
国内不動産 90%
先祖代々の土地を受け継いだストック資産リッチ。「資産を減らしたくない」という志向が強いのが特徴。相続にも頭を悩ませている
④ 外資系金融マン
外資系金融などの有名企業で高収入を稼ぐ。信用力を生かして銀行融資を受け、不動産に投資するケースが多い。資産を殖やす意欲が強く、株式にも投資
新興国株式 10%
先進国株式 10%
日本株式 10%
国内不動産 70%
② 中小企業の元オーナー
先進国株式 10%
日本株式 10%
外国債券 40%
国内不動産 40%
中小企業を売却してキャッシュリッチに。資産を減らさないよう定期収入とインフレヘッジに関心が高く、外国債券や不動産を購入
10億円以上
【資産規模】
1億～10億円未満
10億円
30～40歳代
【年齢】
50歳代以上

図①が年齢50代以上、資産規模10億円以上のエリア。ここによくいる富裕層は、先祖代々の土地を受け継いできた地主である。彼らの資産ポートフォリオは、当然ながら自らの土地を活用した不動産投資の割合が多い。円グラフのように、その9割が国内不動産投資というのが典型例である。

所有する土地に建設したマンション、オフィスビル、商業ビルなどから賃料収入を得るのが家業という例が多い。最近では外国人観光客向けのホテルを建て、外部に運営委託するケースも増えている。

すでに資産規模が大きいため、積極的に殖やすより、減らさないことを重視する。だからこそ比較的低リスクである日本国債で運用するケースも目立つ。

一方、同じ50代以上でも資産規模1億~10億円未満の図②に多い富裕層が、企業のオーナー経営者だ。数でいえば中小企業のオーナーが圧倒的に多い。最近では後継者がおらず、会社を売却してキャッシュリッチになった元オーナー経営者も散見される。

元オーナー経営者の場合、資産運用の特徴はインカムゲイン（定期収入）とインフレヘッジを重視する点にある。彼らはすでに会社を売却しているため、定期収入がない。したがって定期収入を得ながら、なるべく資産を減らさないことに気を使う。長らくデフレが続いた日本だが、今後量的緩和がインフレを招く可能性もゼロではない。万一そうなれば通貨の下落が資産の目減りにつながる。彼らはそのリスクを避けようとする。

円グラフのように、運用手法で多いのは外国債券や国内不動産。外国債券であれば年数％の収入を外貨で得ることで、前述したようなインカムゲイン、インフレヘッジの両立が可能である。国内不動産も同じく、その両立が可能だ。ただ図①の富裕層と比べて資産規模が小さいため、ビルや1棟マンションではなく区分マンションに分散投資するケースが目立つ。

30～40代では、図③の資産規模10億円以上のエリアで多い富裕層が、IPO（新規株式公開）したベンチャー企業の創業者である。IPOブームの現在は、年間

１００社弱のベンチャーが上場を果たす。そのほとんどのベンチャーで、創業者が数十％以上の株式を保有している。

ベンチャー創業者の資産配分で最も多いのが自社株式。次に多いのが、かつての自社のような創業間もない未上場企業へのエンジェル投資である。典型的なのは円グラフのような割合だ。

エンジェル投資に注力

創業者の多くは、ＩＰＯで莫大な資産を築いたエンジェル投資家を目にしており、そのうまみを知っている。もちろん未上場企業への投資にはリスクがつきものだが、ＩＰＯにこぎ着ける創業者であれば、成功する起業家を見極める目が肥えているケースが多い。

未上場株と同様、投資先に多いのが国内不動産だ。ベンチャー創業者にとっては配偶者や子どもへの相続税対策も関心事である。１０億円以上の資産を相続する場合、上限の55％の税率を課され、資産の過半を失ってしまうからだ。

相続税対策として多いのが、国内の1棟マンションへの投資だ。自社株式を担保に調達した資金を頭金にして購入。その不動産を担保に、さらに資金調達して別の不動産を購入するなど、投資規模を拡大していく事例が目につく。

ベンチャー創業者には絵画などの美術品、骨董品、高級クラシックカーなどを購入する人も多い。もちろん単なる趣味であるケースが多いが、投資の意味合いが強い場合もある。例えば新興国のトップアーティストの絵画であれば、数百万円で購入したものが、国の経済成長とともに数年間で価格が数十倍に跳ね上がる場合もある。実際に中国の美術品の多くは今、数十億円の高値で取引されている。

最後に図④の30～40代、資産規模が1億～10億円未満のエリアはどうか。ここで多い富裕層は、外資系の金融機関で働いている高収入のビジネスパーソンだ。彼らは有名企業に勤めているという信用力を生かし、銀行から融資を受け、国内の不動産に投資するというケースが目立つ。

不動産投資には資産形成の意味合いが強いが、一方で節税メリットも狙っている。不動産の建物部分を減価償却することで、不動産所得を赤字にして、本業の給与所得と損益通算したうえで所得税を減らせるのだ。

日本では所得税と住民税を合わせると最高税率が55％に達する。高収入のビジネスパーソンの資産形成はそう簡単ではないのだ。銀行融資を活用した不動産投資は、有名企業に勤めている高収入のビジネスパーソンだからこそ可能。それは外資系の金融マンにはぴったりといえる。

不動産以外では、低コストで効率的に運用できる海外ＥＴＦやインデックスファンドに投資するケースが多い。資産をもっと殖やしたいという意欲が強いため、対象は日本株式や先進国株式、新興国株式などが中心である。

世古口俊介（せこぐち・しゅんすけ）

１９８２年生まれ。日興コーディアル証券（現ＳＭＢＣ日興証券）やクレディ・スイス銀行（クレディ・スイス証券）を経て、２０１６年にウェルス・パートナー設立。

相続税をめぐって激化する国税と富裕層の飽くなき戦い

２０１９年春、ある富裕層の男性一家が、羽田空港に降り立った。日本の土を踏むのは、実に4年ぶりのこと。一家そろってシンガポールに移住。その間、一度も日本には帰国していなかった。

この男性が保有する資産規模は、１００億円超。親から受け継いだ資産に加え、起業した会社を上場させ、一気に資産が膨らんだ〝超富裕層〟だ。一家はなぜ移住し、しばらく帰国しなかったのか。それはずばり、「相続税を払いたくない」と考えていたからだ。

日本は、相続税が世界的に見ても高い。税率は１０～５５％で、相続した金額が高くなればなるほど高くなる。3億円以上相続した場合、半分以上を持っていかれる。

そこで富裕層の間ではやったのが、いわゆる「資産フライト」だ。簡単に言えば、相続税がない、もしくは税率が低い国に資産を移転させ、相続税をゼロにする、もしくは軽減するというものだ。

中でも、シンガポールは人気が高かった。相続税や贈与税がなく、所得税や法人税の最高税率も低いためだ。しかも同じアジアの中では都会で、日本人にもなじみやすい。富裕層仲間から話を聞いたこの男性は、迷うことなくシンガポールへの移住を決断したという。

海外居住要件を延長

ところがだ。2017年になって男性は悲嘆に暮れた。というのも、相続税法上の「海外居住要件」が変更になり、計画が大きく狂ってしまったからだ。

それまでは、相続人と被相続人の双方が5年を超えて海外に住んでいれば、海外資産に対しては日本国内での相続税は課されなかった。富裕層たちはこの点に目をつけ、資産を海外に移したうえで子どもたちと一緒に移住。5年間帰国を我慢していたわけだ。

にもかかわらず、この「居住要件」が突然「10年超」へと延長されてしまったのだ。男性の場合、「あと1年我慢すれば」というタイミングだったにもかかわらず、さらに5年、合計6年間我慢せざるをえなくなったのだから、落ち込むのも無理はなかった。

「移住した当初は、ゴルフをしたり、高級クラブで豪遊したりして楽しんでいたが、それも1年で飽きた。物価も高い。妻もコミュニティーになじめずうつ病になった。そんな家族を、あと1年だからとなだめていたのに……」

結局、この男性は「これ以上は無理。いつまた延長されるかわからないし、あきらめて帰国して相続税を払う道を選んだ」と諦め顔で語る。

10億円以上の資産を保有する富裕層にとって、資産を減らさないことも運用で重要な点の1つだ。

しかしここ数年、政府は富裕層を狙い撃ちするかのごとく課税強化に乗り出した。

富裕層を対象にした「課税強化」が進む
―主な国際税務の動向―

2014年	**国外財産調書制度を創設** 海外に時価5000万円超の財産を保有する個人に対し、調書提出を義務づけ
15年	**国外転出時課税（出国税）制度がスタート** 海外に転出する富裕層を対象に、資産の含み益に対して所得税を課税。海外に住む人に相続や贈与をした場合も同様
16年	**財産債務調書制度を創設** その年の所得が2000万円超、その年の年末の財産が3億円以上または有価証券などの金額が1億円以上の場合、財産や債務の中身や金額の調書提出を義務づけ
17年	**相続税法上の「海外居住要件」を5年超から10年超に延長** 相続人、被相続人双方の海外居住期間が5年超である場合、相続税と贈与税は国内にある財産のみの課税だったが、その期間を10年超に延長
18年	**CRS（共通報告基準）による金融口座情報自動交換が開始** 各国の税務当局が、非居住者の金融口座情報を自動的に交換する制度。日本も2018年から年1回の交換をスタート

先の表は主な課税強化策をまとめたものだ。まず2014年、海外に5000万円を超える財産を保有する個人に対し、「国外財産調書」の提出を義務づけた。15年になると、海外に転出する富裕層を対象に、資産の含み益に対して所得税を課税する「国外転出時課税制度」、いわゆる「出国税制度」がスタートした。出国時に日本で課税し、租税回避を防ぐのが狙いだ。

翌16年には、その年の所得が2000万円超、年末の財産が3億円以上、または有価証券などの金額が1億円以上の場合、財産や債務の中身や金額の調書提出が義務づけられる「財産債務調書制度」が創設された。そして17年に相続税法上の「海外居住要件」が延長されたのは前述したとおりだ。

極め付きは、18年に導入された、CRS（共通報告基準）による「金融口座情報自動交換」だ。これは、経済協力開発機構（OECD）加盟各国の税務当局が、非居住者の金融口座情報を自動的に交換する制度。海外にフライトさせた資産に目を光らせるもので、日本も18年から年1回の交換をスタートさせた。

これらは、いずれも富裕層の資産内容を詳細に把握し、脱税や租税回避といった〝税金逃れ〟を許さないという強烈な意志の表れだ。財政的に厳しいのはどの国も同じ。しかも経済がグローバル化する中で、「徴税強化」は世界的な潮流となっている。

「ここまで厳しくなってくると、税金を払わず逃げるのはほぼ無理」と、白旗を揚げて帰国する富裕層が続出しているわけだ。

日本に持ち帰る秘策

そもそも、現在では出国税や、マネーロンダリング防止の観点から、資産を海外に移転させることは容易ではない。逆もしかりで、金融口座情報自動交換がスタートしてからは、日本への資産の持ち込みも厳しくなっている。

とはいえ、徴税強化前に資産フライトさせた富裕層たちの間には、持ち帰りたいというニーズが確実にある。

「融資という形を取れば、税務当局からもにらまれにくい」

そう明かすのは、富裕層の資産運用をアドバイスするプライベートバンカー（PB）。

このＰＢによれば、海外のある国に会社を設立、世界中の国々に支店と銀行口座を保有する日本人（Ａさん）が〝ハブ〟になっているという。

次の図はシンガポールに資産をフライトさせた富裕層が、日本に１０億円を持ち帰るスキームを簡単にまとめたものだ。

■「資産」が「事業資金」に化ける —海外資産を日本に持ち込むスキーム—

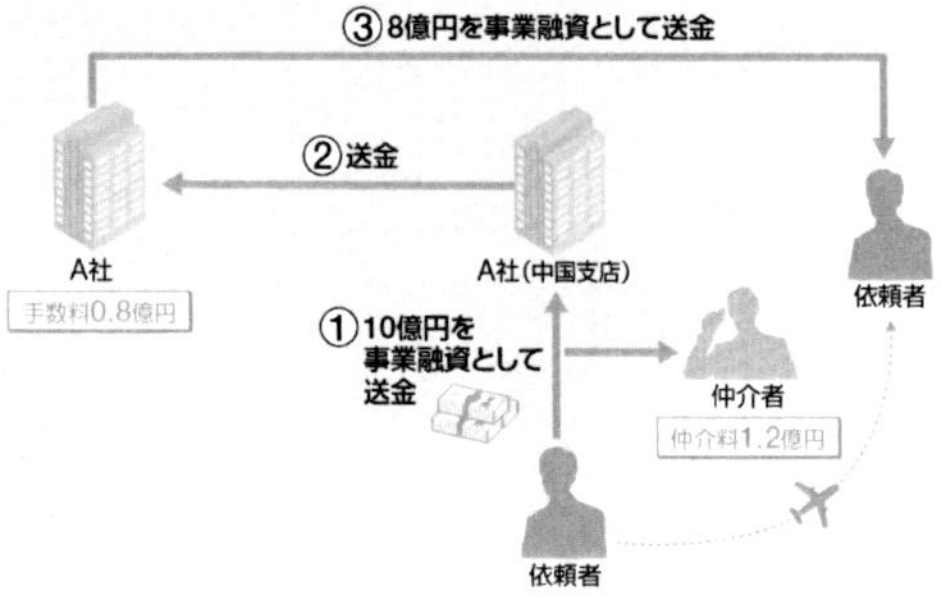

まず富裕層は、Aさんの経営している会社（A社）の支店に、事業資金の「融資」という形で10億円を送金する。融資であれば大きな金額でも違和感はなく、税務当局の目にも留まりにくいところがポイントだ。そして支店を通じて資金を手元に入れたAさんが、再び日本の富裕層に事業資金を「融資」する形で送金すれば、資産は日本にいる富裕層の手に渡るという仕組みだ。

資産を持ち帰ることが目的なので、当然、事業など存在しない。あくまで見せかけなのだ。

「仲介者の私とAさんが、手数料として合わせて2億円をもらうが、税金でガッツリ取られることを考えれば安いもの。違法すれすれではあるが合法的なスキームだ」とPBは胸を張る。

税金を取りたい国税と、取られたくない富裕層との飽くなき戦いは、今後も続きそうだ。

（田島靖久）

富裕層を狙うサービスあの手この手

「妻にがんが見つかったんだが、診てもらっている病院がいまいち信用できないんだ。どうにかならないだろうか」

30億円程度の金融資産を保有する東証1部上場企業の元役員は、途方に暮れていた。仕事に明け暮れた現役時代の生活を省みて、引退後に夫婦水入らずの悠々自適な生活をスタートさせた矢先に、妻のがんが発見されたのだ。

がんのステージは3。時間的な余裕は少なく、早急な対応が必要だった。にもかかわらず、かかった病院のがん治療の症例数が少ないことに不安を感じたのだ。

そこで、元役員がわらにもすがる気持ちで頼ったのが、ワンハンドレッドパートナーズというファミリーオフィスを手がける百武資薫氏だった。

ファミリーオフィスとは、資産管理・運用から会計や税務、遺産相続、子どもの教育に至るまで人生をサポートするサービス。富裕層に向けては資産の運用・管理だけでなく、こうしたフルサポートのサービスが広がっている。

相談を受けた百武氏は、あらゆる人脈を駆使し、がん治療のエキスパート探しに奔走した。その末にたどり着いたのが、日本人医師としてノーベル賞にも近いとされる人物。がん細胞が分泌する物質が、がんの転移において重要な役割を果たすことに目をつけた検査方法や創薬を研究していた。

そうした研究には、巨額の研究開発費が必要。慢性的な資金不足に困っていた医師を、百武さんは支援していた。その縁から、この医師に話を持ちかけたのだ。

「わかりました。最高のチームをつくり治療に当たりましょう」

医師は快諾。すぐさま治療チームを編成し治療に当たった結果、妻のがんは3カ月で治癒し、今では普通の生活を送っているという。

「ファミリーオフィスは資産運用だけではなく、顧客のあらゆる困り事に対応するのが仕事。そのために、日常的にさまざまな分野の人たちとコミュニケーションを取っている」と百武氏は語る。

富裕層のニーズは幅広いが、共通して関心が高いのは子どもに対する「教育」だ。ある日、百武氏の元に、別の上場企業の社長からこんな相談が寄せられた。

「子どもの将来を考えて、有名な中高一貫校に入れたいのだが、どうにかならないだろうか」

当たり前だが、百武氏は〝裏口入学〟をあっせんするわけではない。学校関係者をはじめとする、それまで培ってきたコネクションを使って、最近の入試や面接の傾向を聞き出し、富裕層の子どもに試験対策をアドバイスするのだ。

その結果、これまでに入学させた子どもは数十人に上る。いずれも希望校に合格、楽しい学校生活を送っているという。

子どもといえば、就学だけでなく、就職に関する要望も多い。

「将来、子どもに苦労させたくないと、一流企業への就職を要望する富裕層は少なくない。普段から企業の人事とコンタクトを取り、欲しい人材や要求している能力といった細かい要望を聞き出している。その条件に当てはまる子女を紹介しているから、内定率は極めて高い」と百武氏は明かす。

資産運用に加えて、富裕層のあらゆるわがままを徹底的に聞くのがファミリーオフィスの神髄。まさに現代版〝御用聞きビジネス〟といえるのだ。

東大病院に健診を委託

もう1つ、富裕層の関心が高いのが「医療」、中でも「予防医療」や「アンチエイジング」分野だ。

富裕層をターゲットにした会員制リゾートクラブ事業を展開するリゾートトラストは、東京、名古屋、大阪など7つの拠点で健康診断を実施している。

このうち東京では、東京大学医学部附属病院に健診を委託、現役医師による1日健診を受けられる。ＡＩ（人工知能）を応用した先端医療技術を駆使し、現役の東大病院の医師2人がレントゲン写真を読影するという徹底ぶりだ。

がん治療にも注力しており、「東京ミッドタウン先端医療研究所」では特許技術を用いた免疫療法を提供。「東京放射線クリニック」では、治療が困難とされるような転移がんに対しても副作用の少ない放射線治療を提供するなど、先進的ながん治療から日常的な健康のサポートまで、幅広いサービスを提供している。

リゾートトラストの会員の中には、こうした最先端の医療サービスを受けたいからとの理由で入会した人も数多くいるという。

予約1年待ちの店も堪能

富裕層にしか体験できない〝特別〟なサービスを提供しているのは、会員制の富裕層サービスを手がけるクラブ・コンシェルジュだ。

2019年、金沢のすし店「小松弥助」を10人の富裕層が借り切り、新鮮な握りに舌鼓を打っていた。全国からファンが訪れるため、1年以上、予約が取れないことでも有名な店だ。

なぜ、彼らがそんな店を借り切ることができたのか。それは、クラブ・コンシェルジュが1年以上前から交渉、予約を取り付けていたからだ。

名店での食事だけではない。クラブ・コンシェルジュが提供する同サービスには、メトロポリタン美術館に作品が収蔵されている陶芸家との交流や、芸妓が舞や太鼓の芸で楽しませてくれるお茶屋遊びも盛り込まれており、1泊2日で金沢を満喫できる内容だった。

ちなみに値段は、1組2人で50万円。にもかかわらず、5組10人の定員に20組以上が応募し、抽選が実施されるほどの盛況ぶりだったという。

同社が手がけるのはイベントだけではない。一見（いちげん）お断りの料亭や高級レストランでも、電話を一本かければ代わりに予約、希望に添った形で利用できるよう手配する。会員がホームパーティーをやりたいと言えば、料理人はもちろん、マジシャンや音楽家まで自宅に派遣。家事が面倒と言えば、家事代行サービスのプロを送り込む。

さらに、一流の国際人になるための教育を受けさせたいというニーズに応えるべく、スイスへの留学や、米名門大学のサマースクール参加をサポートするなど、その内容は実に幅広い。

会員になるには審査があり、入会金は50万円、年会費は38万円。会員の平均年齢は60・3歳、所有する金融資産は3億円以上、6割が企業経営者だという。

「富裕層のニーズは実に幅広いが、すべてに応えていきたいと考えている。富裕層でなければ経験できない、味わえない特別なサービスを提供できるのが当社の強みだ」と、クラブ・コンシェルジュ社長の宮山直之氏は語る。

まさに「花盛り」ともいえる富裕層サービス。しかし、「富裕層の目は厳しく、ビジネスとして成り立たせていくのはかなり難しい」と、あるファミリーオフィス運営者は明かす。

この運営者によれば、「富裕層はお金にシビア。でなければ大きな資産を作り出せない。彼らがとくに気にするのは費用対効果。要は〝生き金〟かどうかだ」という。

■資産形成から生活支援まで百花繚乱
—主な富裕層向けサービスの内容—

種類	サービス内容
資産形成・ビジネス関連	・資産運用のアドバイス ・ビジネスの仲介、M&Aの紹介 ・相続、事業承継のコンサルティング
教育関連	・子どもの就学・就職支援 ・子どもの留学、サマースクールの紹介
健康・医療関連	・病気になったときの医師の紹介 ・アンチエイジングサービスのあっせん
生活支援・イベント関連	・家事代行 ・一見お断りの料亭やレストランの予約 ・花見や花火といったイベントのプロデュース

使える資産は潤沢にある。しかし、支払った分だけの満足が得られないと思えば、彼らは金を出さないのだ。

「とくに30～40代の富裕層は、昔と違いぜいたくなものに興味がない。それより自分自身やビジネスに役立つものを求める」（運営者）

百花繚乱のイメージが強い富裕層サービス。だが、若い世代が顧客の中心になる時代には、その中身も変化しているかもしれない。

（田島靖久）

【週刊東洋経済】

本書は、東洋経済新報社『週刊東洋経済』2020年3月7日号より抜粋、加筆修正のうえ制作しています。この記事が完全収録された底本をはじめ、雑誌バックナンバーは小社ホームページからもお求めいただけます。

小社では、『週刊東洋経済eビジネス新書』シリーズをはじめ、このほかにも多数の電子書籍ラインナップをそろえております。ぜひストアにて「**東洋経済**」で**検索**してみてください。

『週刊東洋経済eビジネス新書』シリーズ

No.315 銀行員の岐路
No.316 中国が仕掛ける大学バトル
No.317 沸騰！再開発最前線
No.318 ソニーに学べ
No.319 老後資金の設計書

No.320　子ども本位の中高一貫校選び
No.321　定年後も稼ぐ力
No.322　ハワイvs.沖縄　リゾートの条件
No.323　相続の最新ルール
No.324　お墓とお寺のイロハ
No.325　マネー殺到！　期待のベンチャー
No.326　かんぽの闇　保険・投信の落とし穴
No.327　中国　危うい超大国
No.328　子どもの命を守る
No.329　読解力を鍛える
No.330　決算書&ファイナンス入門
No.331　介護大全
No.332　ビジネスに効く健康法
No.333　新幹線　ｖｓ．エアライン

No.334　日本史における天皇
No.335　ＥＣ覇権バトル
No.336　検証！　ＮＨＫの正体
No.337　強い理系大学
No.338　世界史&宗教のツボ
No.339　ＭＡＲＣＨ大解剖
No.340　病院が壊れる
No.341　就職氷河期を救え！
No.342　衝撃！　住めない街
No.343　クスリの罠・医療の闇
No.344　船・港　海の経済学

週刊東洋経済eビジネス新書　No.345
資産運用マニュアル

【本誌（底本）】
編集局　田島靖久、許斐健太、中原美絵子、辻　麻梨子
デザイン　池田　梢
進行管理　三隅多香子
発行日　２０２０年３月７日

【電子版】
編集制作　塚田由紀夫、長谷川　隆
デザイン　市川和代
制作協力　丸井工文社
発行日　２０２０年１０月２６日　Ver.1

発行所　〒103-8345
東京都中央区日本橋本石町1-2-1
東洋経済新報社
電話　東洋経済コールセンター
03（6386）1040
https://toyokeizai.net/
発行人　駒橋憲一

電子書籍化に際しては、仕様上の都合などにより適宜編集を加えています。登場人物に関する情報、価格、為替レートなどは、特に記載のない限り底本編集当時のものです。一部の漢字を簡易慣用字体やかなで表記している場合があります。本書は縦書きでレイアウトしています。ご覧になる機種により表示に差が生じることがあります。

※本刊行物は、電子書籍版に基づいてプリントオンデマンド版として作成されたものです。